회화를 제대로 살리는~

상황별
영문법

이정연 · 봉영아 공저

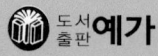

회화를 제대로 살리는 **상황별 영문법**

1판 1쇄 발행 | 2005년 4월 10일
1판 3쇄 발행 | 2007년 2월 3일

엮은이 | 이정연 · 봉영아
펴낸이 | 윤다시
펴낸곳 | 도서출판 예가

주소 | 서울시 영등포구 당산동 1가 191-10
전화 | 02)2633-5462
팩스 | 02)2633-5463
E-mail | yegabook@hanmail.net
등록번호 | 제 8-216호

ISBN 978-89-7567-459-4   03740

※ 잘못된 책은 바꿔드립니다.
※ 가격은 표지 뒷면에 있습니다.
※ 인지는 저자와의 합의하에 생략합니다.

Preface

　회화를 위주로 하는 최근의 영어학습으로 인해 간혹 문법을 딱딱하고 거추장스럽게 여겨 도외시하는 경우가 있습니다. 그러나 간단한 회화라도 단순한 암기로는 몇 마디이상의 진전이 없고 제대로 활용하고 내 것으로 만들기 위해서는 기본적인 틀을 이해하고 소화해야 합니다. 단순한 인사말을 넘어 회화를 제대로 활용하려는 사람들, 또 문법을 공부하려고 마음먹었지만 너무 복잡하고 어려워 고민하는 학습자들을 위해 도움을 주고자 이 책을 마련했습니다.

　이 책은 실제 회화의 상황에서 어떤 문법이 이용되고 있으며 어떻게 활용할 수 있는지를 기초적이면서도 매우 중요한 63가지의 내용으로 상황별 회화와 함께 실었습니다. 그 63가지의 상황을 상상하며 흥미롭게 학습하시기 바랍니다.

　마지막으로 흔쾌히 많은 도움을 준 Lisa와 Blake에게 심심한 감사의 마음을 전합니다.

2005. 4
저자

이 책의 구성 및 활용법

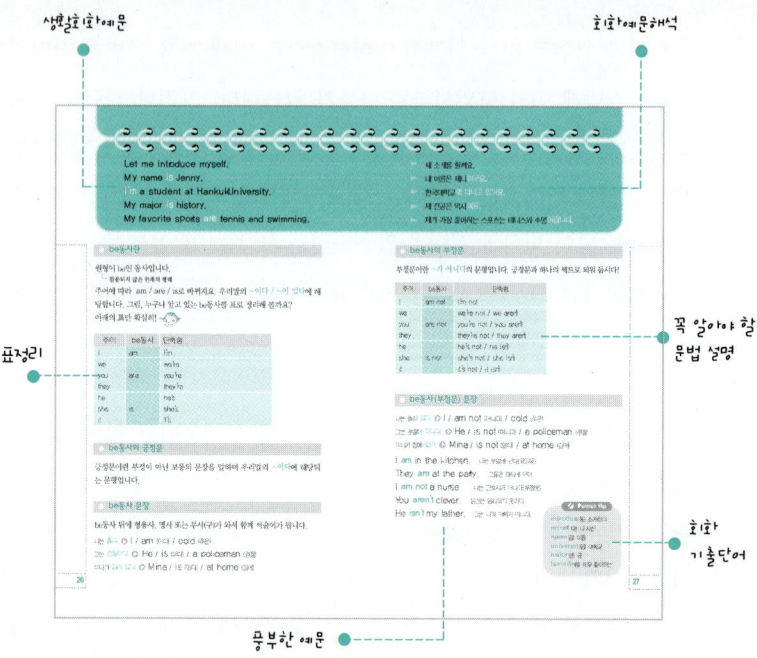

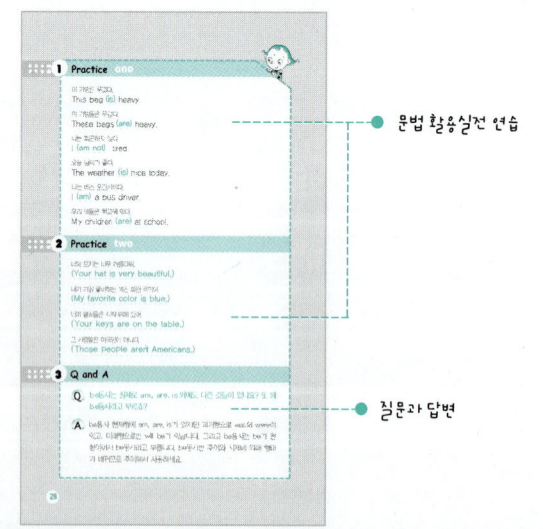

contents

제1장 영어의 기본이 되는 16가지

1 인칭대명사 ········ 10
2 인칭대명사의격 ········ 10
3 일반인을 나타내는 인칭대명사 ········ 11
4 명사의 수 ········ 11
5 셀 수 없는 명사 ········ 12
6 단수동사와 복수동사 ········ 13
7 문장의 성분(주어) ········ 14
8 주어의 여러 가지 성격 ········ 15
9 진주어와 가주어 it ········ 15
10 문장의 성분(동사) ········ 16
11 조동사의 특징 ········ 17
12 Be동사의 의미와 형태 ········ 18
13 일반 동사 ········ 19
14 일반동사의 부정문과 의문문 ········ 19
15 목적어 ········ 20
16 보어 ········ 21

제2장 회화를 살리는 상황별 영문법 63가지

1 be동사 ········ 25
2 be동사 의문문 ········ 29
3 현재진행형, 현재진행 의문문 ········ 33
4 There is / are ········ 37
5 일반 동사(현재 시제) ········ 41
6 일반동사 부정문과 의문문 ········ 45
7 현재진행형과 현재형 ········ 49
8 have ········ 53
9 do, make ········ 57
10 명사 ········ 61
11 셀 수 있는 명사와 셀 수 없는 명사 1 ········ 65
12 셀 수 있는 명사와 셀 수 없는 명사 2 ········ 69

contents

13 부정관사(a, an)와 정관사(the) ········ 73
14 인칭 대명사(주격, 소유격, 목적격, 소유대명사) ········ 77
15 재귀 대명사 ········ 81
16 대명사(지시대명사 / 부정대명사) ········ 85
17 no / none / nothing / nobody ········ 89
18 every, all, each ········ 93
19 both, either, neither ········ 97
20 (a) little / (a) few ········ 101
21 형용사 ········ 105
22 부사 ········ 109
23 빈도부사 ········ 113
24 enough / too ········ 117
25 비교급 ········ 121
26 최상급 ········ 125
27 be동사 / 일반 동사의 과거 ········ 129
28 과거시제 부정문, 의문문 만들기 ········ 133
29 과거진행형과 과거형 ········ 137
30 의문사 1 ········ 141
31 의문사 2 ········ 145
32 의문사 3 ········ 149
33 감탄문 ········ 153
34 명령문, 권유문 ········ 157
35 미래(진행형, be going to) ········ 161
36 조동사 1 ········ 165
37 조동사 2 ········ 169
38 조동사 3 ········ 173
39 used to ········ 177
40 would like(to), would rather ········ 181
41 현재완료 1 ········ 185
42 현재완료 2 ········ 189
43 수동태 1 ········ 193
44 수동태 2 ········ 197
45 분사 ········ 201

46 동명사 ········ 205
47 to 부정사 ········ 209
48 to 부정사 / 동명사 ········ 213
49 전치사 1 ········ 217
50 전치사 2 ········ 221
51 전치사 3 ········ 225
52 전치사 4 ········ 229
53 형용사 + 전치사 / 전치사 + ~ing / 동사 + 전치사 ········ 233
54 2단어 동사 ········ 237
55 접속사 ········ 241
56 간접화법 ········ 245
57 it, too / either, so / neither + 동사 + 주어 ········ 249
58 관계대명사 1 ········ 253
59 관계대명사 2 ········ 257
60 관계부사 ········ 261
61 가정법 1(현재) ········ 265
62 가정법 2(과거) ········ 269
63 문장의 형식 ········ 273

제 3장 영어를 강하게 하는 3가지

1 영문법 표 ········ 278
2 영문법 식 ········ 286
3 불규칙동사 표 ········ 291

색인 ········ 299

제1장

영어의 기본이 되는 16가지

1 인칭대명사

사람을 가리키는 대명사
말하는 사람이 자기 자신을 가리킬 때의 호칭을 1인칭이라 하고, 말하는 사람이 자기 말을 듣는 사람을 가리킬 때 2인칭이라 하며, 그 외의 모든 사람을 가리키는 대명사를 3인칭이라고 합니다.
즉, '나'는 1인칭이고, '너', '자네', '그대' 등은 2인칭이며, '그', '그들'은 3인칭 대명사입니다.

복수1인칭(우리 / 저희)은 말하는 사람이 자기와 자신의 주변 인물들을 포함하여 가리키는 것이고, 복수2인칭(너 / 너희들 등)은 말하는 사람의 상대방과 그 주변 인물들을 포함하여 가리키는 것입니다.

틀리기 쉬운 3인칭의 개념
단지 He / She / It / They 뿐만 아니라 I / You / We를 제외한 모두가 3인칭입니다.
즉, a boy / the girl / one dog / Tom / Mary / this / that / my father / his sister / your teacher / that book 등이 모두 3인칭이 됩니다.

2 인칭대명사의 격

인칭대명사에 대해 본문에서 자세히 설명하고 있으나 몇 가지 주의사항과 소유대명사에 대해 잠깐 살펴보겠습니다.

소유격 다음에는 반드시 명사를 사용합니다.
Can I use your telephone? 당신의 전화를 써도 되나요?

전치사의 뒤에 대명사를 사용하는 경우에는 목적격을 씁니다.
I'd like to talk to her. 나는 그녀에게 말하고 싶다.

주격 보어로 대명사를 쓸 때는 목적격을 사용합니다.
Who's there? 거기 누구시죠?
It's **me.** 접니다.

소유대명사

「인칭대명사의 소유격 + 명사」를 ~의 것이란 뜻의 하나의 독립된 대명사로 사용합니다. 앞에 나온 명사와의 반복을 피하기 위해 사용하며, 이중소유격에서도 사용합니다.

My gloves are black, but yours are brown.
　　　　　　　　　　　　↳ your golves
나의 장갑은 검정색이다. 그러나 너의 것은 갈색이다.

He is a friend of mine. 그는 나의 한 친구다.
　　　　　　　　　↳ my friend

3 일반인을 나타내는 인칭대명사

인칭대명사 we / you / they가 특정인을 나타내지 않고 막연한 일반인을 나타내는 경우가 있습니다. 이때 일반인 주어라 하여, 번역을 생략하기도 하고 사람은이라고 해석하기도 합니다.
부정대명사 one을 일반인 주어로 사용하기도 하며, 이때 격변화를 one / one's / one로 하지만, he / his / him으로 하는 것이 일반적입니다.

We should obey the law. 법을 지켜야 한다.
They speak English in Canada. 캐나다에서는 영어를 쓴다.

4 명사의 수

영어에서는 단수와 복수를 항상 구분하여 사용합니다.
한 개를 말할 때는 단수라고 하고, 두개 이상을 말할 때는 복수라고 합니다.
one book 한 권의 책 / two books 두 권의 책

우리말에서는 명사 뒤에 ~들을 붙입니다. 하지만 때로는 ~들을 붙이면 이상하게 들려서 빼는 경우도 많이 있지요. 예를 들면 바나나들을 주세요라고 표현하기보다는 바나나를 주세요라고 하는 경우입니다. 복수일 때는 명사 끝에 s나 es를 붙여줍니다.

명사를 복수로 만드는 방법

대부분은 명사 끝에 s만 붙입니다.
dog – dogs   apple – apples

명사 끝이 s, sh, ch, x, o 로 끝나면 es를 붙입니다.
bus – buses   box – boxes

자음 + y 로 끝나는 명사는 y를 i로 고치고 es를 붙입니다.
baby – babies   lady – ladies

명사 끝이 f, fe로 끝나면 v로 고치고 es를 붙입니다.
leaf – leaves   life – lives

규칙적으로 변하지 않는 것
man – men   child – children

단수와 복수 형태가 같은 것
fish – fish   sheep – sheep

5 셀 수 없는 명사

명사에는 '하나, 둘…' 하고 셀 수 있는 명사와 셀 수 없는 명사가 있습니다. 예를 들어 물은 '물 하나, 물 둘' 이라고 셀 수가 없는 명사입니다. 이렇게 셀 수 없는 명사는 그것을 담고 있는 그릇이나 용기를 단위로 해서 세거나 복수로 만듭니다.

빵도 일정한 모양을 갖추고 있지 않아 얼마만큼이 하나이고 두 개인지를 정해놓을 수가 없기 때문에, 덩어리 loaf, 얇게 썬 조각 slice, 조각 piece 등으로 표현합니다.

a loaf of bread 빵 한 덩어리
a piece of bread 빵 한 조각
two slices of bread 얇게 썬 빵 두 조각

a glass of water 물 한 잔
two glasses of water 물 두 잔

a piece of paper 종이 한 장
two pieces of paper 종이 두 장

6 단수동사와 복수동사

1인칭의 I와 2인칭의 You를 제외한 3인칭 단수가 주어(보통 맨 앞에 나옴)로 사용될 때는 is(과거형은 was)를 쓰고 3인칭 복수가 주어로 사용되면 are(과거형은 were)를 쓰게 됩니다. 또한 주어가 3인칭 단수일 때, 일반 동사가 올 경우는 동사에 s또는 es를 붙여 표현해야합니다.

3인칭 단수라도 주어 자리에 두 개 이상이 올 경우에는 복수동사를 사용합니다. 즉, s 또는 es를 붙여 사용하면 안 되는 것입니다.

He likes pizza. 그는 피자를 좋아한다.
He and his brother like pizza.
그와 그의 동생은 피자를 좋아한다.

동사가 모음(a, e, i, o, u)이나 s로 끝날 때는 es를 붙입니다. 그 이외에는 s를 붙입니다.
He does his work hard. 그는 열심히 일을 한다.

셀 수 없는 명사는 항상 단수로 취급합니다. 명사적 용법으로 쓰인 부정사나 동명사, 또는 명사절 모두 셀 수 없는 명사로 취급하여 단수로 생각하면 됩니다.

To love everyone **is** always difficult.
모두를 사랑하기란 항상 어려운 일이다.

7 문장의 성분(주어)

문장을 만드는 데는 몇 가지 필요한 요소들이 있습니다.
그것은 주어 / 서술어 / 목적어 / 보어와 수식어입니다. 이것을 문장의 뼈대를 이루는 부분인 주성분(주어 / 서술어 / 목적어 / 보어)과 단지 의미를 제한하거나 수식해주는(문장의 주된 역할을 하지 않는) 부속성분(수식어)으로 간단히 나눌 수 있습니다.
주어와 동사(술어)만 있으면 일단은 최소형식의 문장이 성립된다고 할 수 있습니다.

이제 주성분인 주어, 서술어(동사), 목적어, 보어에 대해 살펴보겠습니다.

주 어(S) : 한 문장에서 동작 또는 상태의 주체가 되는 말.
그 문장의 주인공이며 문장의 주체가 되는 말로서 은 / 는 / 이 / 가 등 주격 조사를 붙여 우리말로 표현합니다. 또한 일반적으로 문장의 맨 앞에 위치합니다. 영어에는 조사가 없으므로 명사가 그대로 사용되고 인칭대명사의 경우는 주격을 사용합니다.

주어위치에 들어갈 수 있는 품사

명사나 대명사는 주어의 위치에 들어 갈 수 있습니다. 즉, 모든 명사(3인칭-book / Tom등)와 각각의 인칭대명사(I / you / we / he they 등), 지시대명사(this / that / these 등)등이 주어의 위치에 사용될 수 있습니다. 또, 구나 절이 ~것이라는 명사의 형식을 취할 때도 주어가 될 수 있습니다.

명사, 대명사, 부정사, 동명사, 명사구나 명사절 등 명사의 역할을 할 수 있는 모든 어구가 주어로 사용됩니다.

8 주어의 여러 가지 성격

명사 주어
The sky is blue. 하늘이 파랗다.
Jim is my son. 짐은 나의 아들이다.(사람이름)

대명사 주어
They speak English in New Zealand.
뉴질랜드에서는 영어를 사용한다.(인칭 대명사)
This is mine. 이것은 나의 것이다.(지시 대명사)

부정사 주어
To speak English is difficult. 영어를 말하는 것은 어렵다.

동명사 주어
Smoking is not good for health.
담배를 피우는 것은 건강에 좋지 않다.

명사구 주어
How to do is more important than what to do.
무엇을 하는 것보다 어떻게 하느냐가 더 중요하다.

명사절 주어
Whether he says or not is important.
그가 말을 하고 안 하고는 중요하지 않다.

9 진주어와 가주어 it

문장을 만드는데 있어 주어가 너무 길 경우에 주어의 원래의 위치에 it를 써서 먼저 문장구조를 알려주고 나중에 that이하나 to 부정사구로 진짜 주어의 내용을 말하는 것입니다.

It is difficult that he passes the exam.
└→ that이하와 동일
그가 그 시험에 합격한다는 것은 어렵다

이렇게 문장구조를 쉽고, 간편하게 만들기 위해서 주어가 너무 길 경우 뒤로 빼고, 그 자리에 it를 쓰는 것이지요. 즉 it 는 가주어(가짜주어), to이하나 that이하는 진주어(진짜주어)가 되는 것입니다.

의미상의 주어

의미상의 주어는 주어가 주어의 형식을 제대로 갖추지 않은 상태에서 의미상으로만 주어가 되는 것입니다. 그래서 보통 부정사구나 동명사구 등에서 의미상의 주어가 사용되고 절이 아닌 구에서 의미상의 주어가 등장하게 되는 것입니다.

It is difficult **for you** to pass the exam.
네가 그 시험에 통과하는 것은 어렵다.

이 문장에서 의미적으로 볼 때 pass이하의 주체는 you이나 주어의 위치에 있지 않습니다. 문장 전체의 주어는 it이며 you는 문장전체의 주어가 아닌 종속구(to pass the exam)의 주어가 되는 것입니다.

10 문장의 성분(동사)

동 사(V) : 주어의 동작이나 상태를 나타내는 말
영어에서는 서술어가 동사이기 때문에 굳이 서술어라고 하지 않고 동사라고 부릅니다. 서술어의 위치는 우리말에서는 문장의 맨 뒤에 위치하지만, 영어에서는 보통 주어 뒤에 위치하며 다(이다)로 끝나는 것들입니다.

A bird **sings.** 새가 노래한다

(주어 A bird의 동작인 '노래하다'의 뜻을 가진 sings가 동사입니다.)
I love her. 나는 그녀를 사랑한다
(주어 I의 상태를 나타내는 '사랑한다' 라는 뜻인 love가 동사입니다.)

타동사, 자동사, 완전동사, 불완전동사 등등 동사의 종류는 구분별로 많지만, 굳이 그 용어를 다 외울 필요는 없습니다.
크게 조동사, 본동사, be동사, 일반 동사로 나누어 기억합시다.

조동사에 대해 본동사는 본래 사용하고 있는 동사이며, be동사는 am, are, is(과거 : was, were)이고, 일반동사는 be동사를 제외한 나머지 동사를 말합니다.

11 조동사의 특징

조동사에는 can, will, may, must 등이 있습니다.
조동사는 말 그대로 동사를 도와 의미를 덧붙여주는 품사로서 원래의 본동사 앞에 위치합니다.

주어가 3인칭 단수라도 조동사에는 s, es를 붙이지 않는다.
She cans play the piano. (X)
She can play the piano. (O)

조동사 뒤에는 반드시 동사원형만을 사용한다.
She can plays the piano. (X)
She can play the piano. (O)

조동사 부정문은 조동사 뒤에 not을 붙이고 동사원형을 사용한다.
She cannot play the piano. - 조동사 + not + 본동사

조동사의 의문문은 주어와 조동사의 위치만 서로 바꿔주면 된다.

Can she play the piano? - 조동사 + 주어 + 본동사

한 문장에 조동사를 둘 이상 함께 사용하지 않는다.
She may can play the piano. (X)
She may be able to play the piano. (O)

※ 각각의 조동사에 대한 자세한 쓰임과 그 특징은 본문에서 학습하세요.

12 Be동사의 의미와 형태

be동사는 주어의 인칭과 수에 따라 바뀝니다.

1인칭 (나 / 우리)
단수 : I am / I was
복수 : We are / We were

2인칭 (너 / 너희들)
단수 : You are / You were
복수 : You are / You were

3인칭 (제 3자)
단수 : He is, She is, It is / He was, She was, It was
복수 : They are / They were

be동사의 의미

~이다의 의미
She is a nurse. 그녀는 간호원이다.

~이 있다의 의미
A phone is on the desk. 전화는 책상 위에 있다.
장소나 때를 나타내는 부사(구)와 함께 사용합니다.

~이 되다의 의미

She wants to **be** a pilot. 그녀는 조종사가 되고 싶어 한다.
미래의 일을 나타냅니다.

13 일반 동사

be동사 이외의 동사를 일반동사라고 합니다.
예를 들어 가다 / 먹다 / 사랑하다 / 보다 / 만지다 등의 일반적인 움직임을 표현한 서술어를 일반동사라고 하지요.

일반동사의 현재형

일반동사가 현재시제의 3인칭 단수인 경우에는 s나 es를 붙여 사용하는 3인칭 단수형을 사용하고, 그 밖의 경우에는 인칭과 수에 관계없이 모두 원형을 사용합니다.

3인칭 단수
She **likes** soccer very much. 그녀는 축구를 아주 좋아한다.
He **playes** the piano. 그는 피아노를 친다.
3인칭 복수
They **like** soccer very much. 그들은 축구를 아주 좋아한다.
They **play** the piano. 그들은 피아노를 친다.

14 일반동사의 부정문과 의문문

일반동사의 부정문

do 조동사를 이용하여「do / does / did + not + 동사원형」
또는「don't / doesn't / didn't + 동사원형」의 형태로 사용합니다.
주어가 3인칭 단수일 때는 doesn't, 과거형일 때는 didn't를 사용합니다.
I **like** soccer very much.

- I don't like soccer very much.
She likes very much.
- She doesn't like soccer very much.
They like soccer very much.
- They don't like soccer very much.

일반동사의 의문문
일반동사의 의문문은 do 조동사를 이용하여 「Do / Does / Did + 주어 + 동사원형 ~?」의 형태로 사용하며, 그 대답 역시 조동사 do로 대답합니다.
Do you like soccer? Yes, I do. / No, I don't.
Does he like soccer? Yes, he does. / No, he doesn't.

15 목적어

목 적 어(O) : 동작의 대상이 되는 말.
목적어는 무엇을에 해당하는 말입니다.
목적어의 위치에 오는 품사는 주어의 경우와 마찬가지로 명사, 대명사, 명사구, 명사절 등이 사용될 수 있습니다. 인칭대명사의 경우에는 목적격을 사용합니다.

I like apples.   나는 사과를 좋아한다.
She loves me.   그녀는 나를 사랑한다.

위의 문장에서 '좋아한다'는 서술어의 대상이 'apples'이고, '사랑한다'는 서술어의 대상이 'me'이며, 우리말의 목적격 조사 을 / 를을 붙여 사과를이라는 단어와 나를이라는 목적어가 됩니다.

16 보어

보 어 (C) : 주어, 목적어를 보충해서 설명해 주는 말.
서술어인 동사 뒤에 명사나 형용사를 넣어 덧붙여주는데 이를 보어라고 합니다.
주어를 보충해서 설명하면 주격보어, 목적어를 보충 설명하면 목적격보어라고 합니다.

He is a student.   그는 학생이다.
She is pretty.   그녀는 예쁘다.

위의 문장에서 'student'는 명사보어로 he 그를 보충해서 설명하고 있으며, 'pretty'는 형용사보어로 she 그녀를 보충해서 설명해줍니다.

He is a student.   그는 학생이다.
He calls his dog Happy.   그는 그의 개를 Happy라고 부른다.

위의 문장에서 'student'는 주어 he를 설명하여 주격보어이며, 'Happy'는 목적어 his dog을 설명하여 목적격보어입니다.

be동사

am / are / is
~이다 / ~이 있다

Let me introduce myself.

Let me introduce myself.
My name is Jenny.
I'm a student at Hankuk University.
My major is history.
My favorite sports are tennis and swimming.

● be동사란

원형이 be인 동사입니다.
→ 활용되지 않은 원래의 형태

주어에 따라 am / are / is로 바뀌지요. 우리말의 ~이다 / ~이 있다에 해당합니다. 그럼, 누구나 알고 있는 be동사를 표로 정리해 볼까요? 아래의 표만 확실히!

주어	be동사	단축형
I	am	I'm
we you they	are	we're you're they're
he she it	is	he's she's it's

● be동사의 긍정문

긍정문이란 부정이 아닌 보통의 문장을 말하며 우리말의 ~이다에 해당되는 문형입니다.

● be동사 문장

be동사 뒤에 형용사, 명사 또는 부사(구)가 와서 함께 서술어가 됩니다.

나는 춥다. ▶ I / am (이다) / cold (추운)
그는 경찰이다. ▶ He / is (이다) / a policeman (경찰)
미나가 집에 있다. ▶ Mina / is (있다) / at home (집에)

> 제 소개를 할께요.
> 내 이름은 제니이구요.
> 한국대학교에 다니고 있어요.
> 제 전공은 역사예요.
> 제가 가장 좋아하는 스포츠는 테니스와 수영이랍니다.

● be동사의 부정문

부정문이란 ~가 아니다의 문형입니다. 긍정문과 하나의 세트로 외워 둡시다!

주어	be동사	단축형
I	am not	I'm not
we you they	are not	we're not / we aren't you're not / you aren't they're not / they aren't
he she it	is not	he's not / he isn't she's not / she isn't it's not / it isn't

● be동사(부정문) 문장

나는 춥지 않다. ▶ I / am not (아니다) / cold (추운)
그는 경찰이 아니다. ▶ He / is not (아니다) / a policeman (경찰)
미나가 집에 없다. ▶ Mina / is not (없다) / at home (집에)

I **am** in the kitchen.   나는 부엌에 있다.(긍정문)
They **are** at the party.   그들은 파티에 있어.
I **am not** a nurse.   나는 간호사가 아니다.(부정문)
You **aren't** clever.   당신은 영리하지 못하다.
He **isn't** my father.   그는 나의 아빠가 아니다.

Power tip

introduce 동) 소개하다
myself 대) 나 자신
name 명) 이름
university 명) 대학교
major 명) 전공
favorite 형) 매우 좋아하는

1 Practice one

이 가방은 무겁다.
This bag (is) heavy.

이 가방들은 무겁다.
These bags (are) heavy.

나는 피곤하지 않다.
I (am not) tired.

오늘 날씨가 좋다.
The weather (is) nice today.

나는 버스 운전사이다.
I (am) a bus driver.

우리 애들은 학교에 있다.
My children (are) at school.

2 Practice two

너의 모자는 너무 아름다워.
(Your hat is very beautiful.)

내가 가장 좋아하는 색은 파란 색이야.
(My favorite color is blue.)

너의 열쇠들은 식탁 위에 있어.
(Your keys are on the table.)

그 사람들은 미국인이 아니다.
(Those people aren't Americans.)

3 Q and A

Q be동사는 실제로 am, are, is 외에도 다른 것들이 있나요? 또 왜 be동사라고 부르죠?

A be동사 현재형에 am, are, is가 있지만 과거형으로 was와 were이 있고, 미래형으로는 will be가 있습니다. 그리고 be동사는 be가 원형이어서 be동사라고 부릅니다. be동사는 주어와 시제에 의해 형태가 바뀌므로 주의해서 사용하세요.

be동사 의문문

Be 동사 + 주어 ~?
~입니까?

Are you David?

A : Are you David?
B : Yes, I am.
A : Where are you from, David?
B : I'm from Canada.

● 의문문이란

상대에게 질문을 할 경우는 의문문을 사용합니다.
be동사의 의문문은 Be동사+주어의 형태로 쓰며, 문장 끝에 물음표(?)를 붙입니다. 또한 의문문에 대한 대답은 be동사를 이용하여 나타냅니다.

긍정문과 의문문의 주어와 동사의 위치를 비교해 볼까요?
요령은 앞에 있는 주어와 서로 자리만 바꾸면 됩니다.

■ 긍정 : ~입니다
Mina is at home.   미나는 집에 있다.
He is a policeman.   그는 경찰이다.

■ 의문 : ~입니까?
Is Mina at home?   미나는 집에 있니?
Is he a policeman?   그는 경찰이니?

주어	동사
I	am
we you they	are
he she it	is

주어	동사	물음표
am	I	
are	we you they	?
is	he she it	

- A : 네가 David니?
- B : 네.
- A : David야, 어디서 왔니?
- B : 캐나다에서 왔어요.

의문문에 대한 질문을 하려면 어떻게 해야 할까요? 다음과 같이 대답하지요.

긍정일 경우 ☞ 네   부정일 경우 ☞ 아니오

Yes,	I we you they he she it	am are is

No,	I'm we you they he she it	 aren't isn't	or	I'm we're you're they're he's she's it's	not.

어디 한번 해볼까요?

Is he a policeman?   그는 경찰입니까?
긍정일 때 ☞ Yes, he is. 네.
부정일 때 ☞ No, he's not. / No, he isn't. 아니오.

Is Mina at home?   미나는 집에 있습니까?
긍정일 때 ☞ Yes, she is. 네.
부정일 때 ☞ No, she's not. / she isn't. 아니오.

잠깐 추희표현

Yes, I am은 Yes, I'm.이라고 줄여서 사용하지 않고, Yes, she is도 Yes, she's.라고 줄여 사용하지 않습니다. 그러나 부정문의 경우는 No, she isn't, No, she's not 처럼 줄여서 표현할 수 있습니다.

Power tip

Yes 부) 네   am 동) 이다
where 부) 어디에   you 대) 너, 당신
from 전) ~로부터   Canada 명) 캐나다

1 Practice one

너는 피곤하니?
(Are you) tired?

그는 결혼했니?
(Is he) married?

밖이 어둡니?
(Is it) dark outside?

그들은 화가니?
(Are they) artists?

비가 오니?
(Is it) raining?

2 Practice two

아이들은 학교에 있니? (your children / at school)
(Are your children at school?)

너의 일은 재밌니? (your work / imteresting)
(Is your work interesting?)

네 여동생은 집에 있니? (your sister / at home)
(Is your sister at home?)

너의 친구들은 캐나다인이니? (your friends / Canadian)
(Are your friends Canadian?)

너는 목마르니? (you / thirsty)
(Are you thirsty?)

3 Q and A

Q 의문문의 억양은 어떻게 해야 하나요?

A 간단히 생각하면 됩니다. Yes나 No로 대답을 요구하는 의문문은 문장의 끝을 올리면 되고, 그 외의 대답을 요구하는 의문문은 문장의 끝을 내려 말하면 됩니다.

현재진행형, 현재진행 의문문

Be 동사 + 동사원형 ~ing
~하는 중이다

I'm not having dinner.

A : Are you having dinner?
B : No, I'm not having dinner. I'm washing dishes.
A : What is your mother doing?
B : She is watching television now.

현재진행형은 현재의 진행 중인 상태, 혹은 가까운 미래를 나타냅니다.

● be + 동사원형 + ~ing

의문문은 be동사 의문문과 마찬가지로 be동사 앞에 있는 주어와 자리만 살짝 바꾸면 끝. 대답도 같은 방식입니다.

She goes to school. 그녀는 학교 다닌다. ▷ 현재형
She is going to school. 그녀는 학교에 가고 있는 중이다. ▷ 현재진행형
Is she going to school? 그녀는 학교에 가고 있는 중이니? ▷ 현재진행의문문
Yes, she is. 네 / No, she isn't. 아니오.

현재진행형(~하고 있다 / ~하고 있지 않다)		
I	am(not)	~ ing
we / you / they	are(not)	
he / she / it	is(not)	

현재진행의문문(~하고 있니?)		
am	I	~ ing?
are	we / you / they	
is	he / she / it	

그럼, 진행형을 사용하지 않는 동사들을 살펴볼까요?

진행형은 진행 중인 동작을 나타내므로
상태를 나타내는 ▷ 상태동사
감정을 나타내는 ▷ 감정동사
수동적 경향의 ▷ 지각동사
등 일부 동사는 진행형을 사용하지 않습니다.

A : 저녁 먹고 있니?
B : 아니. 안 먹었어. 설거지를 하고 있어.
A : 어머니는 뭐하고 계시니?
B : 그녀는 지금 텔레비전을 보고 있어.

● 상태 동사

1 **have** 가지고 있다 ▶ I **have** a nice hat. 나는 좋은 모자를 가지고 있습니다.
2 **resemble** ~을 닮다 ▶ He **resembles** his father. 그는 그의 아빠를 닮았다.
3 **belong to** ~에 속하다 ▶ The black hat **belongs to** me.
　　　　　　　　　　　　　그 검정 모자는 내 것입니다.

● 감정 동사

1 **love** 사랑하다 ▶ She **loves** her children. 그녀는 그녀의 아이들을 사랑한다.
2 **like** 좋아하다 ▶ I **like** apples. 나는 사과를 좋아한다.
3 **believe** 믿다 ▶ I **believe** him to be honest. 나는 그가 정직하다고 믿는다.
4 **prefer** 좋아하다 ▶ I **prefer** tea to coffee. 나는 커피보다 차를 더 좋아한다.
　　　　　　　　　↳ prefer A to B B보다 A를 더 좋아한다

이 외에도 **want**원하다 / **know**알다 / **wish**희망하다 / **hate**싫어하다 등의 동사가 있습니다.

● 지각 동사

주어의 의지와 관계없이 보이거나 들리는 것을 나타내는 동사를 비의지적인 지각동사라고 합니다.

1 **see** 보다 ▶ I **see** a man running. 나는 달리고 있는 한 남자가 보인다.
　　　　　　　　↳ 의지 없이 그냥 눈에 보이는 것
2 **hear** 듣다 ▶ I **hear** the music on the radio. 라디오에서 나오는 음악이 들린다.
　　　　　　　　↳ 그냥 들리는 것

이 외에도 **smell**냄새가 나다 / **taste**맛이 나다 등의 동사가 있습니다.

> **Power tip**
> have 동) 가지고 있다　dinner 명) 저녁　wash 동) 씻다
> dishes 명) 접시의 복수형　do 동) 하다　watch 동) 보다

1 Practice one

너는 내 발을 밟고 있어.
You (are standing) on my foot.

밖에는 비가 오고 있어.
It (is raining) outside.

그는 케이크를 먹고 있다.
He (is eating) some cake.

그 애들은 축구를 하고 있는 중이니?
(Are) the kids (playing) soccer?

너 기분 괜찮니?
(Are) you (feeling) okay?

2 Practice two

그 시계는 잘 가니?
(Is that clock working?)

부모님에게 편지 쓰고 있는 중이니?
(Are you writing a letter to your parents?)

그래, 쓰고 있는 중이야.
(Yes, I'm writing a letter.)

그들은 TV에서 축구 경기를 보고 있니?
(Are they watching the soccer game on TV?)

나는 통화중이야.
(I'm talking on the phone.)

3 Q and A

Q put on과 wear의 차이점이 있나요?

A put on은 ~을 입다는 동작의 의미이고, wear는 ~을 착용하고 있다는 상태를 나타냅니다. 또 put on은 진행형을 쓰지 않고, wear는 진행형을 씁니다. have도 가지고 있다는 의미일 때는 진행형을 쓸 수 없지만, 먹다라는 의미일 때는 진행형을 사용할 수 있답니다.

There is / are

l·e·s·s·o·n
004

there is + 주어(단수)
there are + 주어(복수)
(주어가) 있다

Is there any post office near here?

A : Is there a library near here?
B : No, there isn't.
A : Then, are there bookstores nearby?
B : Yes, there are.

● there is + 주어(단수) / there are + 주어(복수)

there는 거기에란 뜻의 부사로도 사용되지만, be동사와 함께 쓰이면 ~이(가)있다라는 의미를 나타냅니다.
이것은 be동사와 함께 쓰는 정해진 특수한 구문으로 사물과 사람의 존재표현을 나타내므로 통째로 암기하자구요!

부정형의 경우는

단수일 때 ↪ There's not… / There isn't…
복수일 때 ↪ There aren't… 으로 나타냅니다.

의문형의 경우는

단수일 때 ↪ Is there…?
복수일 때 ↪ Are there…? 이렇게 만들면 됩니다.

대답은 이렇게 하세요.

있다라는 긍정의 대답 ↪ Yes, there is.(단수) Yes, there are.(복수)
없다라는 긍정의 대답 ↪ No, there is not.(단수) No, there are not.(복수)

> 부정문의 대답은 단수일 때는 No, there's not.와 No, there isn't.로, 복수일 때는 No, there aren't.로 사용해도 됩니다.

자, 그럼 함께 문장을 만들어 볼까요?

책이 한 권 있다(There is a book) / 책상 위에(on the desk)
◐ **There's** a book on the desk. 책상 위에 책이 한 권 있다.

A : 이 근처에 도서관이 있니?
B : 아니, 없어.
A : 그럼, 근처에 서점은 있니?
B : 응, 있지.

큰 나무들이 있다(There are big trees) / 마당에(in the yard)
▷ **There are** big trees in the yard. 마당에 큰 나무들이 있다.

시계가 없다(There isn't a clock) / 내 방에(in my room)
▷ **There isn't** a clock in my room. 내 방에는 시계가 없다.

큰 나무들이 있습니까(Are there big trees) / 마당에(in the yard)
▷ **Are there** big trees in the yard? 마당에 큰 나무들이 있습니까?

Power tip

library 명) 도서관   near 전) 가까이에
here 부) 여기에   then 부) 그때
bookstores 명) 서점들   nearby 부) 가까운

1. Practice one

저 쪽에 하얀 큰 빌딩이 있어요.
(There is) a white big building over there.

일주일에 7일 있어요.
(There are) seven days in a week.

우리 가족은 5명이 있어요.
(There are) five people in my family.

이 근처에 은행이 있어요?
(Is there) a bank near here?

2. Practice two

무슨 문제가 있나요?
(Are there any problems?)

마당에 큰 나무가 있다.
(There is a big tree in the yard.)

많은 연필이 있다.
(There are a lot of pencils.)

그곳엔 음식이 없다.
(There isn't any food in there.)

3. Attention!

우리가 자주 실수하는 문장이 있죠. '내 책은 탁자 위에 있다' 라는 문장을 만들 경우 There is my book on the table.은 잘 사용하지 않는 문장입니다. there is / are의 문장은 '불특정'한 사물이 올 때에 사용하며, the(그), this(이), my(나의), your(너의) 등이 붙는 말과 함께 사용하지 않습니다. There is a book on the desk.로 해야 됩니다.

lesson 005

일반동사(현재시제)

like, live, enjoy …
일반적인 사실 / 반복적인 일

I live in korea.

A : I live in Korea. What about you? Where do you live?
B : I live in Britain. How's the weather in Korea?
A : It's a little cold now. We have four seasons.
   Now, would be our winter.

● 일반동사란

동사에는 be동사 am, are, is와 조동사 can, will, may…와 그리고 일반동사가 있습니다. 몇 개의 be동사와 조동사를 빼면 모두 일반 동사랍니다.

일반동사는 주어가 3인칭단수(he, she, it, Tom 등)이며 현재시제일 때, 반드시 지켜야 할 규칙이 있습니다. 그것은 단어의 끝(어미부분)에 s나 es를 붙이는 것입니다.

They like baseball very much.
그들은 야구를 매우 좋아합니다. (3인칭 복수)
Tom likes baseball very much.
탐은 야구를 매우 좋아합니다. (3인칭 단수)

● 일반동사의 3인칭 단수형 만드는 법

1 어미가 -s, -x, -sh, -ch, -o로 끝나는 동사는 es를 붙여 사용합니다.
   pass ▶ passes 통과하다   fix ▶ fixes 고치다, 수리하다
   wash ▶ washes 씻다   go ▶ goes 가다

2 어미가 「자음 + y」로 끝나는 동사는 y를 i로 바꾸고 es를 붙여 사용합니다.
   study ▶ studies 공부하다   try ▶ tries 노력하다
   fly ▶ flies 날다   cry ▶ cries 소리치다

3 어미가 「모음 + y」로 끝나는 다음의 동사들은 그냥 s만 붙인답니다.
   enjoy ▶ enjoys 즐기다   say ▶ says 말하다
   buy ▶ buys 사다   play ▶ plays 놀다

> A : 나는 한국에 살아. 너는? 넌 어디서 사니?
> B : 나는 영국에 살아. 한국의 날씨는 어떠니?
> A : 요새는 조금 추워. 한국에는 4계절이 있어. 지금은 겨울일거야.

그 밖의 모든 동사에는 어미에 s를 붙여 사용하면 됩니다.
일반적인 사실, 진리, 평상시에 일어나는 반복적인 일에는 현재시제를 사용합니다.

I **get up** early in the morning. 나는 아침에 일찍 일어난다.
There are 12months in a year. 1년은 12달이다.
The sun **rises** in the east. 해는 동쪽에서 뜬다.

흔히 **always** 항상 / **sometimes** 가끔 / **usually** 보통은 / **often** 자주 / **never** 전혀, 결코 등의 부사는 현재시제와 더불어 사용합니다.

He **always** walks to school. 그는 항상 걸어서 학교에 간다.
I **sometimes** take a walk in the afternoon.
↳ 산책하다
나는 가끔 오후에 산책한다.
When do you **usually** get up? 너는 보통 언제 일어나니?
We **often** go shopping. 우리는 자주 쇼핑하러 간다.
↳ 쇼핑하러 가다
I **never** eat peaches. 나는 복숭아를 안 먹는다.

Power tip

live 동) 살다   weather 명) 날씨
a little 형) 약간   Britain 명) 영국
seasons 명) 계절 복수형   would 조) ~일 것이다

1 Practice one

그녀는	노래를 한다.	She	sings.
	운전한다.		drives.
	열심히 일한다.		works hard.
	학교에 간다.		goes to school.
	타이프를 아주 잘 친다.		types very well.

2 Practice two

그는 아침 7시에 출발한다.
(He starts at 7 in the morning.)

그는 학교에서 영어를 가르친다.
(He teaches English at school.)

피터는 3개의 언어를 한다.
(Peter speaks three languages.)

그들은 주말마다 늦게 잔다.
(They sleep late on weekends.)

그의 부모님은 한국에 사신다.
(His parents live in Korea.)

3 Q and A

Q Your book is on the desk. 라는 문장에서 동사가 왜 is인가요? 주어가 your 아닌가요?

A 실수를 자주 하게 되는 경우죠. your(너의)는 book(책)을 꾸며주는 말이 되어 실제적인 주어는 책이 되는 것입니다. 나와 너를 제외한 것은 다 3인칭이기 때문에 be동사는 is를 사용하게 되는 거죠.

일반동사 부정문과 의문문

lesson 006

부정 : do / does / did + not + 동사원형
의문 : Do / Does / Did + 주어 + 동사원형?

Do you like coffee?

A : Do you like coffee?
B : No, I don't. I prefer tea.
A : What's your favorite tea?
B : My favorite is green tea.

일반동사의 부정문은 do동사를 사용합니다.

do / does / did + not + 동사원형 또는
don't / doesn't / didn't + 동사원형

I like soccer. 나는 축구를 좋아한다.
▶ I **do not(don't) like** soccer. 나는 축구를 좋아하지 않는다.

I liked soccer. 나는 축구를 좋아했다.
▶ I **did not(didn't) like** soccer. 나는 축구를 좋아하지 않았다.

He likes soccer. 그는 축구를 좋아한다.
▶ He **does not(doesn't) like** soccer. 그는 축구를 좋아하지 않는다.

He liked soccer. 그는 축구를 좋아했다.
▶ He **did not(didn't) like** soccer. 그는 축구를 좋아하지 않았다.

Tom likes soccer. 탐은 축구를 좋아한다.
▶ Tom **does not(doesn't) like** soccer. 탐은 축구를 좋아하지 않는다.

● **Do / Does / Did + 주어 + 동사원형 ~?**

일반동사의 의문문도 do동사를 사용하며, 대답 역시 do / does / did로 합니다.

Do you **like** soccer? 너는 축구를 좋아하니?
▶ **Yes, I do** 응, 좋아해. / **No, I don't.** 아니, 안 좋아해.

Does he **like** soccer? 그는 축구를 좋아하니?
▶ **Yes, he does.** 응, 좋아해. / **No, he doesn't.** 아니, 안 좋아해.

A : 커피를 좋아하니?
B : 아니. 나는 차를 더 좋아해.
A : 무슨 차를 제일 좋아해?
B : 내가 제일 좋아하는 건 녹차야.

Did they like soccer? 그들은 축구를 좋아했니?
▸ **Yes, they did.** 응, 좋아했어. / **No, they didn't.** 아니, 안 좋아했어.

다시 한 번 틀리지 않도록 다음 문장들을 비교해봅시다.
난 야구를 좋아하지 않는다.
I don't like baseball. (O)
I'm not like baseball. (×)
그는 야구를 좋아하지 않는다.
He doesn't like baseball. (O)
He doesn't likes baseball. (×)
너는 야구를 좋아하니?
Do you like baseball? (O)
Does you like baseball? (×)
그는 야구를 좋아하니?
Does he like baseball? (O)
Does he likes baseball? (×)

주어가 **3인칭 단수**(he, she, it)일 때만 **does** 를 사용하세요. 그리고 일반동사를 반드시 **동사 원형**(활용되지 않은 원래의 상태)으로 사용한다는 것에 주의합시다!

Power tip

do 조) 의문문의 조동사   coffee 명) 커피
prefer 동) 더 좋아하다   tea 명) 차
favorite 형) 아주 좋아하는   green tea 명) 녹차

1 Practice one

| 그녀는 | 노래하지
운전하지
열심히 일하지
학교에 가지
타이프를 아주 잘 치지는 | 않는다. |

| She doesn't | sing.
drive.
work hard.
go to school.
type very well. |

2 Practice two

| 그녀는 | 노래합니까?
운전합니까?
열심히 일합니까?
학교에 다닙니까?
타이프를 아주 잘 칩니까? | Does she | sing?
drive?
work hard?
go to school?
type very well? |

일반동사를 be동사와 비교해 봅시다

be동사	부정문 – 주어 + be동사 + not~. This is not a monkey. 이건 원숭이가 아닙니다. 의문문 – be동사 + 주어~? Is this a monkey? 이게 원숭이입니까?
일반동사	부정문 – 주어 + do(does) not + 동사원형 The boys don't like music. 그 소년들은 음악을 좋아하지 않습니다. 의문문 – Do(Does) + 주어 + 동사원형? Do the boys like music? 그 소년들은 음악을 좋아합니까?

현재진행형과 현재형

현재진행 : be동사 + 동사원형 + ing
현재 : 동사의 현재형

l·e·s·s·o·n
007

Is he playing the guitar?

A : Does Jim like music?
B : Yes, he does. He likes to play the guitar.
A : Is he playing the guitar now?
B : No, he isn't. He is taking a shower right now.

be동사 + 동사원형 + ing

1 현재 진행중의 동작을 표현.
- I am driving my car. 난 지금 내차 운전 중이야.
- I am writing a letter. 난 편지 쓰고 있는 중이야.

2 가까운 미래를 나타냄.
- I am leaving soon. 나는 곧 떠날 거예요.
- I am going shopping tonight. 오늘 밤 쇼핑하러 갈 거예요.

3 끝나지 않은 상태를 표현.
- The water is boiling. 물이 끓고 있어.
- I'm not watching TV now. You can turn it off.
  난 지금 텔레비전 안 보고 있어. 꺼도 돼.

순간의 진행상태 뿐만 아니라 일정한 기간의 진행 상태를 나타내기도 합니다.

- She's learning English literature this semester.
  그녀는 이번 학기에 영문학을 듣고 있어.

현재형은 일상적인 일, 반복적으로 일어나는 일을 표현하는데 반해, **현재진행형**은 아직 끝나지 않은 진행 중인 상태를 나타냅니다.
문장으로 비교해 봅시다.

Susan plays the piano, but she's not playing the piano now.
　　　　↳ 현재형　　　　　　　　　　↳ 현재진행형
수잔은 피아노를 치는데, 지금은 안 치고 있어.

A : 짐은 음악을 좋아하니?
B : 응, 그래. 그는 기타를 좋아해.
A : 그는 지금 기타를 치고 있니?
B : 아니, 그는 지금 샤워중이야.

It <u>rains</u> a lot in summer, but <u>it's not raining.</u>
　　↳ 현재형　　　　　　　　　　　　↳ 현재진행형
여름엔 비가 많이 와, 그러나 지금은 오고 있지 않아.

다음의 동사들은 진행형을 사용하지 않으니 주의하시길 바랍니다.
Do you like this picture? 너 이 그림 맘에 드니?
I don't know who he is. 난 그가 누구인지 몰라.
Do you understand what I mean?
무슨 말인지 이해하니?
What do you want? 뭘 원하니?

이 외에도 love 사랑하다 / hate 싫어하다 / prefer 더 좋아하다 / need 필요로 하다 / believe 믿다 / depend 의존하다 / remember 기억하다 / forget 잊다 등의 동사가 있습니다.

> **Power tip**
>
> music 명) 음악　guitar 명) 기타
> play 동) 연주하다　now 부) 지금
> take a shower 샤워하다　right now 지금 당장

1. Practice one

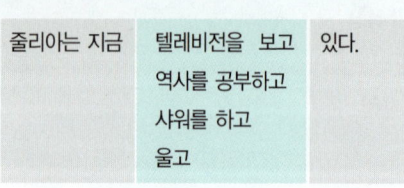

| 줄리아는 지금 | 텔레비전을 보고
역사를 공부하고
샤워를 하고
울고 | 있다. |

| Julia is | watching TV
studying history
taking a shower
crying | now. |

2. Practice two

| 줄리아는 지금 | 텔레비전을 보고
역사를 공부하고
샤워를 하고
울고 | 있지 않다. |

| Julia isn't | watching TV
studying history
taking a shower
crying | now. |

3. Q and A

Q 상대방이 진행형으로 질문을 하면 어떻게 대답하면 좋을까요?

A 대답 역시 진행형으로 말하면 됩니다. Yes나 No로 대답하는 경우에는 보통 ~ing 이하를 생략해서 말합니다. Yes, I am. / No, I am not. / Yes, it is. / No, it isn't. 등으로 대답하면 됩니다.

have

have : 가지고 있다, 먹다, 보내다
have = have got

lesson 008

I had so much pizza.

A : I think I should go see a doctor.
B : What's the matter?
A : I have a stomachache. I had too much pizza last night.
B : Oh, that's too bad. I hope you get well soon.

have는 기본적으로 가지고 있다, 먹다, 보내다라는 뜻을 가지고 있습니다.

● 가지고 있다

I have a car.   나는 차 한 대를 가지고 있다.
Jim doesn't have a job.   Jim은 직장이 없다.
Do you have a cellular phone?   너 휴대폰 있니?

● 먹다

Let's go out to have dinner.   저녁 먹으러 나가자.
We were having dinner when you called.
네가 전화했을 때, 우린 밥 먹고 있었어.

● 보내다

Have a nice weekend!   주말 잘 보내세요!
We're having a nice vacation.   우리는 휴가를 잘 보내고 있어요.

have가 가지고 있다라는 뜻으로는 진행형을 사용하지 않습니다.
너 그 책 지금 가지고 있니?
Do you have the book now? (O)
Are you having the book now? (×)

너 저녁 식사 중이니?
Are you having dinner? (O)
Do you have dinner? (×)

A : 난 병원에 가봐야 할 것 같아.
B : 무슨 일인데?
A : 배가 아파. 어젯밤에 피자를 너무 많이 먹었어.
B : 어머, 안됐구나. 빨리 나아지면 좋겠다.

주어가 3인칭 단수(he, she, it, 등)일 때는 have 대신 has로 사용합니다.

She **has** a very beautiful bag. 그녀는 매우 아름다운 가방을 가지고 있다.
The bag **has** a small pouch in it. 그 가방 안에는 작은 주머니가 들어 있다.

have의 부정문 do(does) not + have

I **don't have** much time right now. 난 지금 시간이 충분치 않다.
He **does not have** enough money. 그녀는 충분한 돈이 없다.

have의 의문문 Do(Does) + 주어 + have ?

Do you **have** time? 몇 시예요?
Does she **have** a cellular phone? 그녀는 핸드폰이 있나요?

일상 회화에서는 have대신 have got도 같은 뜻으로 사용합니다.

I have ▶ I**'ve got** / You have ▶ You**'ve got**
He has ▶ He**'s got**
I have a car. ▶ I**'ve got** a car. 나는 차가 한 대 있다.

Jim **doesn't have** a job. 짐은 일이 없다.
▶ Jim **hasn't** got a job.

Do you have a cellular phone? 너 핸드폰 있니?
▶ **Have** you **got** a cellular phone?

Power tip

should 조) 해야 하다   go see a doctor 진찰을 받다
matter 명) 문제   stomachache 명) 위통, 복통
hope 동) 희망하다   get well 좋아지다

1 Practice one

| 나는 | 질문이
수업이
두 딸들이
약간의 돈이
약속이 | 있다. | I have | a question.
a class.
two daughters.
some money.
an appointment. |

2 Practice two

데니얼은 파란 눈을 가졌다.
(Daniel has blue eyes.)

그 집은 방이 6개이다.
(The house has six rooms.)

나는 머리가 아프다.
(I've got a headache.)

나는 차는 있지만 집은 없다.
(I have a car, but I don't have a house.)

너의 가방에 무엇이 있니?
(What do you have in your bag?)

너의 나라에는 눈이 오니?
(Do you have snow in your country?)

3 Q and A

Q Do you have a ruler?에 대한 대답으로 Yes, I have it.으로 하는 것은 맞는 건가요?

A 그 대답은 'Yes, I have one.'으로 해야 합니다. it은 똑같은 자를 말하고 one은 같은 종류를 말하는 것이기 때문에 it을 사용하면 틀리게 되는 것이랍니다.

do, make

do exercise : 운동하다
make a phone call : 전화를 걸다

I need to make an appointment.

A : Excuse me. I need to make an appointment to see my professor.
B : What do you need to see him for?
A : I'm having problems with my homework.
B : Wait a moment, please.

● 일반 동사로 쓰일 경우

do는 하다, make는 만들다란 뜻이죠. 그런데 각각 항상 쓰는 표현들이 있답니다. 많이 사용되는 표현들이니 꼭 익혀두세요.

I usually **do exercise** every morning.
나는 보통 매일 아침 운동을 해요.
Could you **do me a favor**? 부탁 좀 들어주시겠어요?
I have to **make an appointment** with him.
나는 그와 약속을 해야 해요.

그 외에도 **do homework** 숙제하다 / **do the dishes** 설거지하다 / **do the laundry** 세탁하다 / **do housework** 집안일을 하다 / **do (your) best** 최선을 다하다 / **make a mistake** 실수하다 / **make a bed** 잠자리를 마련하다 / **make a phone call** 전화를 걸다 / **make a list** 목록을 만들다 / **make (a) noise** 시끄럽게 하다 등이 있답니다.

● do를 조동사로 사용하는 경우

1 의문문

Do you like pizza ? 너는 피자를 좋아하니?
What **do** you do? 직업이 뭐예요?

2 부정문

I **don't** have a car. 나는 차가 없어.
They **do not** get up early. 그들은 일찍 일어나지 않는다.

A : 실례합니다만 교수님과 약속을 하려고요.
B : 교수님에게 무슨 일이신가요?
A : 숙제에 문제가 있어서요.
B : 잠시만 기다리세요.

3 동사 앞에 써서 동사를 강조

She **does** resemble her mother.   그녀는 정말 그녀의 엄마를 닮았어.
I **do** like apples.   나는 사과를 너무 좋아해.

4 동사의 반복을 피하기 위해 대동사로 사용

Who broke the vase?   누가 꽃병을 깼니?
I **did**. (did = broke the vase)   제가 깼어요.
Do you like apples?   너 사과 좋아하니?
Yes, I **do**. (do = like)   응, 좋아해.

> **Power tip**
>
> need 동) 필요로 하다
> make an appointment 약속하다
> professor 명) 교수
> problems 명) 문제들
> homework 명) 숙제
> Wait a moment 잠깐 기다리다

1 Practice one

그녀는	숙제를 한다.	She does	her homework.
	설거지를 한다.		the dishes.
	세탁을 한다.		the laundry.
	집안일을 한다.		her housework.
	최선을 다한다.		her best.

2 Practice two

그녀는	잠자리를 마련한다.	She makes	a bed.
	실수를 한다.		a mistake.
	전화를 한다.		a phone call.
	목록을 만든다.		a list.
	시끄럽다.		a noise.
	달력을 만든다.		calenders.

3 Q and A

Q '그는 실수를 자주 한다' 라는 표현을 할 때 He often does many mistakes. 라는 문장은 안 되나요? do가 '하다' 라는 뜻이 있으니까 make 대신에 do를 사용해도 되지 않을까요?

A do와 make는 각각의 단어와 맞춰 쓰길 좋아하는 단어가 있답니다. 그리고 mistake라는 단어는 make와 함께 사용합니다. 그래서 각각 맞춰 사용하는 단어를 암기하면 사용하는데 많은 도움이 될 것입니다.

명사

명사 : 사람, 사물의 이름,
주어, 목적어, 보어

l·e·s·s·o·n
010

Let me tell you about my class.

Let me tell you about my class.
There are 20 students in my class.
Nancy is one of my classmates. She really likes music.
We get together on Mondays and play different instruments.

● 명사란

사람 또는 사물의 이름을 가리키는 말입니다. 그럼 명사의 종류에 대해 살펴봅시다.

보통명사 – 일정한 형태가 있어 구분이 확실한 명사
table 식탁 / book 책 / umbrella 우산 / chair 의자 / apple 사과 등

집합명사 – 사람 또는 사물의 집합체를 일컫는 명사
family 가족 / staff 제작진 / team 팀 / audience 청중 / group 무리 등

집단을 한 덩어리로 취급하는 경우는 ☞ 단수로 취급
집단 구성원의 개개인에 중점을 두는 경우는 ☞ 복수로 취급
My family is very large. 우리 가족은 대 가족이다.
My family are all diligent. 우리 가족은 모두 부지런하다.

물질명사 – 형태가 없거나 일정한 형태가 없는 명사
I have much money. 나는 돈이 많습니다.
I like tea better than coffee. 나는 커피보다 차를 더 좋아합니다.

고유명사 – 사람, 지명 등의 고유의 이름
Seoul is the capital of Korea. 서울은 한국의 수도이다.

추상명사 – 눈에 보이지 않는 추상적인 것을 일컫는 명사
Honesty is the best policy. 정직이 최상의 정책이다.

명사는 주어, 목적어, 보어 자리에 있을 수 있는 자격이 있습니다. 문장을 이루는 성분 4가지, 즉 주어 / 동사 / 목적어 / 보어 중에 3가지에 해당한답니다.

> 우리 반에 대해 얘기할게요.
> 우리 반은 학생이 20명이구요,
> 낸시라는 아이가 있는데, 그 아이는 음악을 정말 좋아해요.
> 우리는 월요일마다 만나서 서로 다른 악기를 연주해요.

주어
The books are on the desk.   그 책들은 책상 위에 있어요.

목적어
He likes sports very much.   그는 스포츠를 매우 좋아합니다.

보어
She is my English teacher.   그녀는 우리 영어 선생님입니다.

그 외에도 형용사와 명사의 차이를 우리말에 비추어 살펴봅시다.

- beautiful은 형용사로 아름다운의 의미
- beauty는 명사로 아름다움의 의미
- pleasant는 형용사로 즐거운의 의미
- pleasure은 명사로 즐거움의 의미

We can find many beautiful flowers here.
이곳에서는 아름다운 꽃을 많이 볼 수 있어요.

Beauty is everything to her.
그녀에게 아름다움은 매우 귀중한 것이다.

 이제 명사와 형용사와의 차이를 눈치 채셨겠죠?

> **Power tip**
>
> let 동) 시키다, 하도록 하다
> class 명) 반
> one 명) 하나
> classmates 명) 반 친구들
> different 형) 다른
> instruments 명) 악기들

1 Practice one

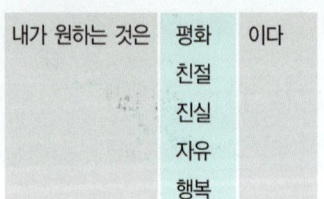 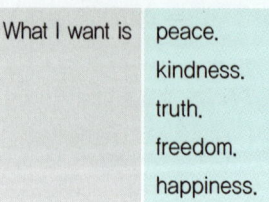

2 Practice two

그는 토요일에 LA로 갔다.
(He went to LA on Saturday.)

책상에 두 권의 책이 있다.
(There are two books on a desk.)

수잔과 제니는 도서실에 갔다.
(Susan and Jenny went to the library.)

내 남동생은 늘 거짓말한다.
(My brother always tells a lie.)

이것은 백악관이다.
(This is the White House.)

3 Q and A

Q 명사의 복수형에서 어떤 경우에 이즈[iz]라고 발음을 하나요?

A 명사의 어미의 음이 무성음 [p], [t], [k] 등일 때는 ㅅ[s]발음하고, 유성음[b], [d], [g], [m], [n], [l] 등일 때는 ㅈ[z]발음하고, 발음이 [s], [z], [ʃ], [ts], [dʒ]로 끝나는 경우는 이즈[iz]로 발음합니다.

셀 수 있는 명사와
셀 수 없는 명사 1

셀 수 있는 명사 : father, family, book…
셀 수 없는 명사 : Seoul, water, art…

I'd like a glass of juice.

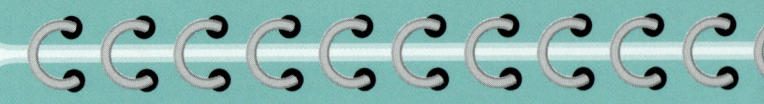

A : Hello! Please, come in. Would you like something to drink?
B : Yes, I'd like a glass of water, thank you.
A : Here you are.
B : Here, I brought you a few things.
A : Thank you so much.

명사에는 크게 셀 수 있는 명사와 셀 수 없는 명사로 나누어 사용할 수 있습니다.

● 셀 수 있는 명사

보통명사와 집합명사가 있습니다. 복수가 아닌 경우에는 반드시 관사 a, an, the와 함께 사용합니다.

I have a new calendar. 나는 새 달력이 있습니다.
We have a large family. 우리는 대 가족이다.

● 셀 수 없는 명사

고유명사, 물질명사, 추상명사가 있습니다.

Please pass me the salt. 소금 좀 건네주세요.
I'd like a glass of water. 물 한잔 주세요.

표로 정리해 살펴봅시다.

셀 수 있는 명사	보통명사	눈에 보이는 일반적인 사람, 사물의 이름 father아버지, rose장미, leaf나뭇잎, book책 등
	집합명사	사람이나 사물이 집합을 나타내는 이름 family가족, police경찰, people사람들, 국민 등
셀 수 없는 명사	고유명사	사람이나 지명을 나타내는 이름 대문자 표기 Kim김, Friday금요일, Mt. Hanra한라산, Seoul서울 등
	물질명사	일정한 형태가 없는 물질을 나타내는 이름 water물, rain비, sugar설탕, coffee커피 등
	추상명사	눈에 보이지 않는 추상적인 개념을 나타내는 이름 youth젊음, honesty정직, advice충고, art예술 등

A : 안녕! 어서 들어오세요. 뭐 마실 것 좀 드릴까요?

B : 네, 고마워요. 물 한잔 주세요.
A : 여기 있어요.
B : 여기 너에게 줄려고 가져왔어요.
A : 너무나 고맙습니다.

셀 수 없는 명사들은 명사 자체에 복수형을 만들지 않습니다.

소금 좀 건네주세요.
- Please pass me the salt. (O)
- Please pass me the salts. (X)

다음과 같이 그 물질을 담는 용기나, 단위를 나타내는 말로 수량을 표현할 수 있습니다.

a water (X) / a glass of water (O)
- I'd like a glass of water. 물 한잔 주세요.

a paper (X) / a sheet of paper (O)
- I need a sheet of paper. 종이 한 장이 필요해요.

a coffee (X) / a cup of coffee (O)
- I drink a cup of coffee every day. 나는 매일 커피 한잔을 마신다.

a perfume (X) / a bottle of perfume (O)
- I bought two bottles of perfume for him.
  나는 그에게 줄 두 개의 향수를 샀다.

a candy (X) / a piece of candy (O)
a chalk (X) / a piece of chalk (O)
a milk / a carton of milk (O)
a rice (X) / a bowl of rice (O)
a tennis (X) / a game of tennis (O)
a furniture (X) / a piece of furniture (O)

Power tip

something 명) 어떤 것
drink 동) 마시다
a glass of 한 잔의
brought 동) 샀다
a few 약간의
so much. 너무 많이

1 Practice one

| 나는 | 커피 한잔
물 한 잔
사탕 한 개
맥주 한 병
종이 한 장 | 을 원해요. | I'd like | a cup of coffee.
a glass of water.
a piece of candy.
a bottle of bear.
a sheet of paper. |

2 Practice two

빵 한 덩어리	(a lump of bread)
치즈 두 장	(two slices of cheese)
설탕 두 스푼	(two spoonfuls of sugar)
버터 3파운드	(three pounds of butter)
신발 한 켤레	(a pair of shoes)
양말 한 켤레	(a pair of socks)
바지 하나	(a pair of trousers)
비누 하나	(a cake of soap)
한 마디 충고	(a piece of advice)

3 Q and A

Q 사람이름은 고유명사라서 셀 수 없는 명사라고 배웠는데요, 예를 들어 '수잔이라는 여학생이 2명이 있다'라는 문장을 어떻게 표현하나요?

A 셀 수 없는 명사이긴 하지만 보통명사와 같이 two Susans 라고 복수형을 표현해 주면 됩니다. 그 사람 자체가 아닌 이름을 말하는 것이기 때문이지요.

lesson 012

셀 수 있는 명사와 셀 수 없는 명사 2

many, much
little, few

I would need apples, carrots and cheese.

A : Would you like something from the supermarket? I am going now.
B : Yes, I would like apples, carrots and cheese.
A : Then, I will pick them up for you.
B : Great! Here is some money. Thank you!

명사의 표현 중 많은 또는 적은이라는 수량을 표현할 때, 상황에 따라 many, much, little, few, a lot of, lots of, some 등을 사용합니다.

많은이라는 표현을 할 때   셀 수 있는 명사 ↪ many
    셀 수 없는 명사 ↪ much

There are **many cars** on the road.   거리에는 차가 많아요.
He has **much money.**   그는 돈이 많아요.

또는 a lot of와 lots of는 두 가지 경우 모두에 사용할 수 있습니다.
I need **a lot of** money.   나는 많은 돈이 필요해요.
There are **lots of cars** on the street.   거리에는 차가 많아요.

적은이라는 표현을 할 때   셀 수 있는 명사 ↪ few
    셀 수 없는 명사 ↪ little

There's **a little** water in the bottle.   병에 물이 조금 있다.
Few people were there.   거기에 사람들이 거의 없었다.

> 그 외에도 some은 셀 수 있는 명사에도, 셀 수 없는 명사에도 사용할 수 있습니다.
> They have some money.   그들은 얼마간의 돈이 있다.
> I ate some cake for lunch.   나는 점심으로 얼마간의 케이크를 먹었다.

어떤 명사들은 상황에 따라 셀 수 있는 명사 또는 셀 수 없는 명사로 사용합니다.

온전한 케이크 하나 ↪ **a cake** / 케이크 한 조각 ↪ **a piece of cake**
There are **three cakes** left in the bakery.
그 빵집에는 케이크가 3개 남아 있다.

A : 슈퍼마켓에서 뭐 필요한 것 있어요? 나 지금 갈 건데.

B : 네, 사과랑 당근이랑 치즈가 필요해요.

A : 그럼, 내가 사 가지고 올게요.

B : 잘 됐어요. 돈 여기 드릴게요. 고마워요.

I'd like to have **a piece of cake.**   케이크 한 조각 먹고 싶어요.

온전한 닭 한 마리 ☞ **a chicken** / 치킨 한 조각 ☞ **a piece of chicken**
My mother bought **a chicken.**   엄마가 닭 한 마리 사오셨다.
Would you like to have **a piece of chicken?**
치킨 한 조각 드시겠어요?

다음의 명사들은 셀 수 없는 명사임에 주의하세요.
I gave him **a piece of advice.**
나는 그에게 한 마디 충고를 해주었다.
They have **information** about that.
그들은 그것에 대한 정보가 있다.
I just heard terrible **news.** 나는 끔찍한 뉴스를 들었다.
그 외에도 **weather**날씨, **hair**머리, **work**일 등이 있습니다.

Power tip

need 동) 필요로 하다   supermarket 명) 슈퍼마켓
apples 명) 사과 복수형   carrots 명) 당근 복수형
pick up 동) 집어 들다   great 형) 훌륭한

1 Practice one

서울	은	한국	의 수도이다.
동경		일본	
시드니		호주	
로마		이태리	
런던		영국	

Seoul	is the capital of	Korea.
Tokyo		Japan.
Canberra		Australia.
Rome		Italy.
London		England.

2 Practice two

나는 종이 한 장이 필요하다.
(I need a sheet of paper.)

나는 신문이 필요하다.
(I need papers.)

나는 아이들이 밖에서 놀고 있는 것을 보고 있다.
(I'm looking at children playing outside.)

너는 모자를 쓰고 있는 저 남자들을 아니?
(Do you know the men wearing hats?)

신사, 숙녀여러분 잘 경청해주세요!
(Ladies and gentlemen, listen carefully!)

3 Attention!!

'나는 점심식사로 식빵 2개를 먹었다.' 라는 표현을 할 때 우리는 2개로 셀 수 있어서 bread(빵)를 셀 수 있는 명사로 착각하기 쉽습니다. 영어에서는 셀 수 없는 명사로 하여 'two slices of bread'로 표현하는 것을 잊지 맙시다.

부정관사(a, an)와 정관사(the)

l·e·s·s·o·n
013

부정관사 : a / an 하나의
정관사 : the 그

The hotel was very nice.

A : Is there a hotel near here?
B : There are many hotels. I have stayed at The Airport Hotel and it is very nice.
A : Do they have an internet site?
B : Yes, they do. It's www.3080.co.kr

셀 수 있는 명사(단수) 앞에는 항상 a나 an 또는 the를 붙입니다.

● 명사에 따른 관사 사용법

자음으로 시작하는 단어 앞에서는? ☞ a
a student 한 명의 학생 / a book 한 권의 책

모음으로 시작하는 단어 앞에서는? ☞ an
an apple 한 개의 사과 / an elephant 한 마리의 코끼리

무작정 많은 것 중의 아무거나 하나를 가리킬 때는? ☞ a(an)
한 번 거론했거나 이미 서로 알고 있는 것은? ☞ the
수식어구가 지정해 주고 있는 것은? ☞ the를 사용

이 근처에 호텔 있어요? Is there a hotel near here?
                              └→ 아무거나 하나

나는 우리 집 뒷마당이 좋아. I like the backyard of my house.
                              └→ 지정된 뒷마당

자음으로 시작되지만 모음으로 발음되는 경우나, 철자는 h로 시작되지만 h가 발음이 안 되는 경우에는 an을 사용합니다.
an hour 한 시간, an honor 자랑

다음의 단어에는 항상 the와 함께 사용하는 것을 잊지 마세요.
We has just arrived at the airport. 우리는 공항에 방금 도착했다.

A : 이 근처에 호텔 있어요?
B : 호텔은 많이 있어요. 제가 The Airport Hotel에서 묵었는데 아주 좋았어요.
A : 그 호텔에 인터넷 사이트가 있나요?
B : 네, www.3080.co.kr이에요.

There are many countries in the world. 세계에는 많은 나라가 있다.

> 그 외에도 the same같은 / the sun태양 / the moon달 / the sky하늘 / the ocean대양 / the country시골 / the top꼭대기 / the end끝 / the middle중간 / the right오른 쪽 / the radio라디오 등이 있습니다.

모든 악기류에도 정관사를 붙여 사용합니다.

the piano피아노 / **the guitar**기타 / **the violin**바이올린 / **the harp**하프 등.

> **the를 쓰면 안 되는 경우**
> 1 식사
> breakfast아침식사, lunch점심식사, dinner저녁식사
> 2 next / last와 함께
> next week다음 주, last month저번 달, last Saturday 지난 토요일.

Power tip

hotel 명) 호텔   near 부) 가까이에
here 부) 여기에   stayed at 동) ~에 머물렀다
nice 형) 좋은   internet site 인터넷 사이트

1 Practice one

나는	차를 하나 대가족을 사과를 약속을 같은 의견을	가지고 있다	I have	a car. a large family. an apple. an appointment. the same opinion.

2 Practice two

점심으로 피자를 먹자.
(Let's have some pizza for lunch.)

한 해의 첫 달은 1월이다.
(The first month of the year is January.)

나는 그를 한 시간 기다렸다.
(I waited for him for an hour.)

그녀는 한 마디도 하지 않았다.
(She didn't say a word.)

달은 지구의 주의를 돈다.
(The moon goes round the earth.)

3 Attention!!

내 친구는 my friend, 한 친구는 a friend로 표현하죠. 그런데 나의 한 친구로 친구를 설명해주는 관사와 소유격이 둘 다 한꺼번에 친구를 꾸며줄 경우에 my a friend로 흔히 저지르기 쉬운 실수를 범하기 쉽습니다. 관사와 소유격을 나란히 사용할 수 없기 때문입니다. 그래서 소유격 my를 소유대명사 mine으로 바꿔 다음과 같이 사용합니다.

'a friend of mine'

인칭 대명사
(주격, 소유격, 목적격, 소유대명사)

I 나는 / my 나의
me 나를 / mine 나의 것

lesson 014

Is it yours?

A : Whose umbrella is this? Is it yours?
B : It's not mine ; it's Ben's.
A : Do you think I could borrow it?
B : I'm not sure. Maybe you should ask him?

인칭대명사에는 1인칭, 2인칭, 3인칭이 있습니다.

1인칭 말하는 사람이 자기를 가리키는 대명사(나)
2인칭 말하는 사람이 자기 말을 듣는 사람을 가리키는 대명사
(너 / 자네 / 당신)
3인칭 그 밖의 모든 사람을 가리키는 대명사(그 / 그녀 / 그들)

복수1인칭 말하는 사람이 자기와 주변 인물들을 포함하여 가리키는 것
(우리 / 저희)
복수2인칭 말하는 사람의 상대방과 그 주변 인물을 포함하여 가리키는
것(너 / 너희 등)

	단 수				복 수			
	주격	소유격	목적격	소유대명사	주격	소유격	목적격	소유대명사
1인칭	I(나는)	my(나를)	me(나의)	mine(나의 것)	we	our	us	ours
2인칭	you	your	you	yours	you	your	you	yours
3인칭	he	his	him	his	they	their	them	theirs
	she	her	her	hers				
	it	its	it	its				

주어자리엔 주격(은/는/이/가)을, 소유격 자리엔 소유격(의)을, 목적격 자리엔 목적격(을/를)을, 소유대명사 자리엔 소유대명사(~의 것)를 사용하면 됩니다.
위의 인칭대명사표를 좋아하는 노래나 가락과 함께 암기하시고, 필요할 때 하나씩 뽑아서 사용하세요.

나는 내 직업을 좋아해요. I like my job.
그들은 그들의 직업을 좋아해요. They like their jobs.

A : 이거 누구 우산이야? 네 것이니?
B : 아니, 벤 꺼야.
A : 내가 좀 빌려도 될까?
B : 글쎄, 벤에게 물어봐야 하지 않을까?

이 책은 그녀의 것이에요. **This book is hers.**

● 일반인을 나타내는 인칭대명사

인칭대명사 we / you / they가 특정인을 나타내지 않고, 막연한 일반인을 나타내는 경우가 있습니다. 이를 일반인 주어라고 하며, 우리말로 사람은 이라고 해석하는 경우와 특별히 해석하지 않아도 되는 경우가 있습니다.

They speak English in South Africa. 남아프리카에서는 영어를 쓴다.
We have much snow in winter. 겨울에 눈이 많이 와요.

> 부정대명사 one이 일반인 주어로 쓰이기도 합니다.
> 이때 격변화는 주격, 소유격, 목적격을 one / one's / one으로 하지만, he / his / him으로 하는 것이 일반적입니다.
> **One** should do **his** best in everything.
> 사람은 모든 일에 최선을 다해야 한다.

Power tip

umbrella 명) 우산　　yours 대) 너의 것
mine 대) 나의 것　　Ben's 명) 벤의 것
borrow 동) 빌리다　　maybe 부) 아마도

1 Practice one

내	차는 어디에 있어요?
너의	
그의	
팀의	

Where is	my	car?
	your	
	his	
	Tom's	

2 Practice two

이 우산은	나의 것	이다
	그녀의 것	
	그들의 것	
	탐의 것	

This umberlla is	mine.
	hers.
	theirs.
	Tom's

3 Q and A

Q 인칭대명사 2개를 함께 사용하고 싶은데 어떻게 나열하면 될까요?

A 좋은 질문입니다. 단수인 경우, 2인칭, 3인칭, 1인칭 순으로 표현하고 복수인 경우에는 1인칭, 2인칭, 3인칭 순서로 표현합니다. 예를 들면 you and I, he and I, she and I, we and you, you and they 등으로 표현하면 됩니다.

재귀 대명사

myself 나 자신 / yourself 너 자신
himself 그 자신 / herself 그녀 자신

She didn't hurt herself.

A : What happened to her?
B : She fell off her bike, but she didn't hurt herself.
A : Oh, that's good. She was lucky. By the way, did you have a nice vacation?
B : Yes, we enjoyed ourselves.

● 재귀대명사란

인칭 대명사의 목적격이나 소유격에 ~self / ~selves를 붙여 ~자신이란 뜻을 나타냅니다.

I 나 ↪ myself 나 자신   you 너 ↪ yourself 너 자신
you 너희들 ↪ yourselves 너희들 자신   he 그 ↪ himself 그 자신
she 그녀 ↪ herself 그녀 자신   we 우리 ↪ ourselves 우리 자신
they 그들 ↪ themselves 그들 자신

다음과 같은 경우에 재귀대명사를 사용합니다.

1 주어와 목적어가 같은 대상

그는 거울에 있는 그 자신을 보고 있다.
◐ He is looking at himself in the mirror. (O)
◐ He is looking at him in the mirror. (X)

그녀는 그녀 자신을 보고 있다.
◐ She is looking at herself. (O)
◐ She is looking at her. (X)

2 '손수', '직접' 이란 말을 넣어 강조하고 싶을 때

◐ I made this food myself. 나는 이 음식을 내가 직접 만들었어.
◐ She had to go herself. 그녀가 직접 가야만 했다.
◐ The boys prepared for the party themselves.
   그 소년들은 그들이 직접 파티를 준비했다.

A : 그녀에게 무슨 일이 일어났니?
B : 자전거에서 떨어졌지만 다치진 않았어.
A : 잘됐다. 다행이다. 그런데 휴가 잘 보냈니?
B : 응, 즐거웠어.

3 관용적인 표현

Help yourself. 마음껏 드세요.
She went there by herself. 그녀는 혼자서 거기에 있다.
　　　　　　　　　↳ = alone
The door closed of itself. 문이 저절로 닫혔다.

그 외에도

pride oneself on ~을 자랑스러워하다
overwork oneself 과로하다, 지나치게 일하다
between ourselves 우리끼리 이야기지만
say to oneself 혼잣말을 하다, 생각하다
apply oneself to ~에 몰두하다, ~에 전념하다
beside oneself 미친, 제 정신이 아닌 등이 있습니다.

Power tip

ourselves 대) 우리 자신   fell off 동) 떨어졌다
bike 명) 자전거   hurt 동) 다치게 하다
herself 대) 그녀 자신   lucky 형) 운이 좋은

1 Practice one

나는	거울을 보고 있다.	I'm	looking at	myself	in the mirror.
그녀는		She's		herself	
그는		He's		himself	
너는		You're		yourself	
우리는		We're		ourselves	
그들은		They're		themselves	

2 Practice two

가끔 나는 혼잣말한다.
(Sometimes I talk to myself.)

마음껏 드세요.
(Please help yourself!)

몸조심하세요.
(Don't hurt yourself.)

그녀는 혼자 이 숙제를 했다.
(She did this homework by herself.)

그녀는 스스로를 씻었다.
(She washed herself.)

3 Attention!!

도움이 되는 재귀대명사의 관용적 표현의 정리

by oneself 혼자서 / **for oneself** 혼자 힘으로 / **enjoy oneself** 즐기다 / **of itself** 저절로 / **in itself** 본래 / **to oneself** 자신에게만 / **beside oneself** 제 정신이 아닌 / **between ourselves** 우리끼리 이야기지만 / **overwork oneself** 과로하다 / **say to oneself** 혼잣말을 하다 / **help oneself to** ~을 마음껏 먹다 / **pride oneself on** ~을 자랑스러워하다 / **apply oneself to** ~에 몰두하다, ~에 전념하다

대명사(지시대명사/부정대명사)

lesson 016

지시대명사 : this / that
부정대명사 : some / any / one

Is this box yours?

A : Which box is yours?
B : The one under the desk.
A : Then, is this box yours?
B : Yes, that one's mine. There are many cards in it.

대명사란 명사를 대신해서 간단히 표현하는 말이며 크게 인칭대명사와 지시대명사, 그리고 부정대명사가 있습니다.

● 지시대명사

'이것', '저것' 등을 지시하는 대명사로
비교적 가까운 것은 ☞ this
비교적 먼 것은 ☞ that
복수는 ☞ these와 those로 나타냅니다.

This is my umbrella. 이것은 내 우산이야.
These are my umbrellas. 이것들은 내 우산들이야.
That is your book. 저게 네 책이야.
Those who were at the party are all my friends.
파티에 참석했던 사람들이 모두 내 친구이다.

명사 앞에 쓰여 형용사로도 사용합니다.
this book이 책 / **that book**저 책 / **these books**이 책들 / **those books**저 책들

This umbrella is mine. 이 우산은 내 것이야.
Whose are **those things** on the shelf?
선반 위에 저 물건들은 누구의 것이니?

● 부정대명사

막연한 사람이나 사물을 가리킬 때 사용하는 대명사입니다.
긍정문에 ☞ some

> A : 어느 상자가 네 것이니?
> B : 책상아래에 있는 거야.
> A : 그럼, 이 상자가 네 것이니?
> B : 응, 그게 내 꺼야. 그 안에 카드가 많이 들었지.

의문문과 부정문에 any를 주로 사용합니다.
Do you want **any** books? 책을 원하니?
Yes, I want **some**. 응.

앞에 나온 명사를 대신해서 쓸 때는 one / ones를 사용합니다.
I need a pen. Do you have **one**? 펜이 필요한데 너 갖고 있니?
　　　　　　　　　　　　　└→ = pen

그러나 누구라도, 어느 것이라도라고 강하게 말할 때에는, 긍정문이라도 any를 쓰며, 상대에게 권유할 때는 의문문이라도 some을 사용합니다.

You may use **any** of these.
이것들 중 어느 것이라도 사용해도 좋아.(긍정문에 any)
Would you like **some** coffee?
커피 좀 마실래? (의문문에 some)

또한 some이나 any는 뒤에 ~thing나 ~body 등을 붙여 사용하기도 하고, 그 자체를 명사로도 사용합니다.

> **Power tip**
> Which 형) 어느　yours 대) 너의 것
> under 전) 아래에　desk 명) 책상
> mine 대) 나의 것　cards 명) 카드 복수

1 Practice one

나는	이 책을	만들었다.
	이 책들을	
	그 책을	
	그 책들을	

I made	this book.
	these books.
	that book.
	those books.

2 Practice two

나는 살 게 있지만 돈이 없다.
(I have to buy something, but I have no money.)

그녀는 많은 액세서리를 갖고 있다. 그래서 나도 좀 원한다.
(She has many accessories, so I want some.)

어떤 아이라도 컴퓨터게임 하는 것을 좋아한다.
(Any kids like playing computer games.)

연필이 많은데, 좀 줄까요?
(I have many pencils. Would you like some?)

아니, 필요 없어요.
(No, I don't want any.)

3 Attention!!

대명사 정리

인칭대명사	사람을 대신해서 표현하는 대명사(재귀대명사 포함) I, they, him, ours, them, himself, themselves 등.
지시대명사	'이것', '저것' 등을 지시하는 대명사 this, that, these, those 등
부정대명사	막연한 사람이나 사물을 가리키는 대명사 some, one, other, all 등

no / none / nothing / nobody

l·e·s·s·o·n 017

no : 어떠한 ~도 없다.
nothing : 어떠한 것도 없다.

There's nothing to eat at home.

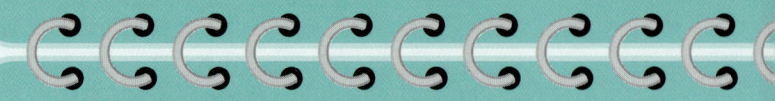

A : Let's go out for dinner. There's nothing to eat at home.
B : Where would you like to go?
A : How about some noodles?
B : Sounds good! Let's go!

no는 any 또는 a에 부정의 표현인 not의 의미를 함축하는 표현입니다.
↳ not + any / not + a
그 뒤에는 명사가 뒤따라야 하며, no는 그 명사를 부정하는 것입니다.

주차장에 차가 없어요.
There are **no cars** in the parking lot.
○ There **aren't any cars** in the parking lot.

그는 친구가 없어요.
He has **no friends.**
○ He **doesn't have any friends.**

우린 돈이 없어요.
We have **no money.**
○ We **don't have any money.**

none은 no에 앞에서 거론한 명사를 대명사로 받아 표현되는 것입니다.
↳ no + one
따라서 none 다음엔 명사를 사용하지 않습니다.

How much money do you have?   돈이 얼마나 있니?
I have no money.   없어.(= None.)
There are none left.   아무것도 남지 않았어.
↳ = There are not things left.

Power tip

go out 동) 나가다
nothing 대) 아무것도 없다
at home 집에
would you like ~하길 원하세요?
How about ~은 어때요?
noodles 명) 국수, 면

▶ A : 저녁 식사하러 나가자. 집에 먹을 게 아무것도 없어.
▶ B : 어디로 가고 싶니?
▶ A : 국수는 어때?
▶ B : 좋아. 가자.

none of 뒤에는 단수명사도 복수명사도 사용할 수 있습니다.
단수명사일 경우는 단수동사로,
복수명사일 경우는 복수동사로

None of the bags are mine.
　　　　　　→ 복수명사
그 가방들 중 어느 것도 내 것이 아니야.

None of the money is mine.
　　　　　　→ 단수명사
그 돈 중 어떤 것도 내 것이 아니야.

none / nobody / nothing 등의 부정의 단어는 문장 안에서도 사용할 수 있고, 단독으로도 사용할 수 있습니다.

I said nothing.　나는 아무 말도 안 했다. ← 문장 안에서 사용
Nobody came here yesterday.　어제 아무도 여기에 오지 않았어요.
Nobody.　아무도요. ← 단독으로 사용
Nothing.　아무것도요.

none / nobody / nothing 등의 부정의 단어가 있는 문장에서는 동사에 isn't / don't / didn't 등의 부정 단어를 사용하지 않도록 주의합시다.

나는 아무 말도 안 했다.
I said nothing. (O)
I didn't say nothing. (✕)

그 가방들 중 어느 것도 내 것이 아니야.
None of the bags are mine. (O)
None of the bags aren't mine. (✕)

그 돈 중 어떤 것도 내 것이 아니야.
None of the money is mine. (O)
None of the money isn't mine. (✕)

1 Practice one

그 돈	어느 것도 내 것이 아니다.
그 가구	
그 가방	
그 책들	

None of	the money is mine.
	the furniture is
	the bags are
	the books are

2 Practice two

나의 누이는 재능이 없다.
(My sister has no talent.)

내 가방에는 아무것도 없다.
(There is nothing in my bag.)

아무도 그의 말을 들을 수가 없다.
(Nobody can hear him.)

그들 중 아무도 파티에 참석하지 않았다.
(None of them attended the party.)

그녀는 그것에 대해 아무 것도 모른다.
(She knows nothing about it.)

3 Q and A

Q 오랜만에 만났을 때 Long time no see.라고 인사말을 건네는데 그 말은 어디서 어떻게 나온 말인가요?

A 우리가 자주 사용하는 말은 일일이 다 말하지 않아도 그 뜻을 알듯이 Long time no see.라는 말도 It's been a long time since I last contacted you.(내가 너와 만난 지 오랜 시간이 흘렀구나.)라는 말을 줄여 간단히 사용하는 일상적인 표현입니다.

every, all, each

every + 단수
all + 복수

lesson 018

I go to the beach every summer.

A : Do you have any plans for your summer vacation?
B : I plan to go to the beach. I go to the beach every summer. How about you?
A : So far, no plans.

every는 모든이라는 의미로 우리말로는 복수의 개념이지만 영어에서는 단수로 취급합니다.
every 뒤에 두 개의 명사가 와도 단수로 취급합니다.

Every student has to do his homework.
모든 학생은 자기의 숙제를 해야 한다.
Every boy likes toys. 모든 소년이 장난감을 좋아한다.
Every boy and girl likes toys. 모든 소년 소녀가 장난감을 좋아한다.

every는 every + 단수명사 / every + 서수 + 단수명사 / every + 수사 + 복수명사의 형태로 쓰여 ~마다의 뜻으로 사용합니다.

I read newspapers **every morning**. 나는 아침마다 신문을 읽는다.
We go to church **every Sunday**. 우리는 일요일마다 교회에 간다.
They do exercise **every other day**. 그들은 이틀마다 운동을 한다.
I visit my uncle's **every two weeks**. 나는 2주에 한 번씩 삼촌댁에 간다.

every two days = every other day

each는 각각(의), 각자(의)라는 뜻으로 언제나 단수로 취급합니다.
대명사로도 형용사로도 쓰여 뒤에 명사와 함께 또는 단독으로 사용됩니다.

Each student has his own desk. 학생들 각각 책상을 갖고 있다.
Each of us has a computer. 우리는 각각 컴퓨터를 갖고 있다.
He showed **each** of them how to do it.
그는 그들 각각에게 그 사용법을 알려주었다.

each는 부사로도 쓰여 제각각이라는 뜻으로 사용됩니다.
The cakes are two dollars each. 그 케이크는 한 개당 2달러이다.

A : 너 여름휴가 계획 있니?

B : 해변에 갈 계획이야. 난 여름이면 해변에 가거든. 너는?

A : 지금까진 계획 없어.

all 은 대명사로 쓰일 때는 모든 사람(것)라는 뜻으로 형용사로 쓰일 때는 모든이라는 뜻으로 사용됩니다.

All is ready. 모든 것이 준비되었다.
└→ 대명사

All of them went to the same school. 그들 모두가 같은 학교에 갔다.
└→ 대명사

All the people participated in the meeting.
└→ 형용사
모든 사람이 모임에 참가했다.

all은 단수 또는 복수 둘 다 사용이 가능합니다.

All is ready. 모든 것이 준비되었다.(단수)
All are present. 모두가 참석했다.(복수)

every day와 all day를 비교해봅시다.
He practiced it every day last week. 지난주에 그는 매일 연습했어.
He practiced it all day yesterday. 어제 그는 하루 종일 연습했어.

Power tip

plans 명) 계획 복수
summer 명) 여름
vacation 명) 휴가, 방학
plan 동) 계획하다
beach 명) 해변
so far 지금까지

1 Practice one

| 모든 임원이
그들 모두가
그들 각각이 | 그 모임에 참석했다. | Every officer
All of them
Each of them | participated in the meeting. |

| 그는 | 모든 학생이
그들 모두에게
우리 각각에게 | 그것을 하도록
시켰다. | He made | every student do it.
all of them
each of us |

2 Practice two

겨울마다 우리는 스키 타러 간다.
(Every winter we go skiing.)

조지는 일요일마다 교회에 간다.
(Jorge goes to church every Sunday.)

하루 종일 비가 왔다.
(It rained all day long.)

모든 소년들이 날 보고 웃었다.
(All the boys laughed at me.)

각각의 학생은 그 축제를 준비했다.
(Each student prepared the festival.)

3 Q and A

Q every와 all은 우리말에 둘 다 모두라는 뜻이던데 왜 every다음엔 단수명사를 쓰고 all다음엔 복수명사를 사용하는지요?

A every는 all(모든)이라는 단어에 each(각각)을 의미하는 것이라고 생각하시면 돼요. 즉, 모든 사람 또는 물건의 하나하나 각각을 의미하기 때문에 결국 단수가 되는 것입니다. 그래서 '그 반 모든 학생이 시험에 합격했다.' 라는 표현을 할 때 every students로 하면 틀리게 되고 Every student in the class passed the exam.로 표현하면 됩니다.

both, either, neither

both : 둘 다
either : 둘 중 하나

lesson 019

I want neither of them.

A : I'd like to get you a present. What would you like? I was thinking of getting you either a chain or a pendant, or maybe even both?
B : Neither one, please. You really don't have to get me anything.
A : But it's your birthday!

both는 양쪽 / 둘 다 라는 의미이며 언제나 복수로 사용됩니다.

Both of them like the singer. 그들 둘 다 그 가수를 좋아한다.
I love both of them. 나는 그들 둘 모두를 사랑한다.
Both the parents came here. 그 부모님 둘 다 이곳에 오셨다.
I like both the gifts. 나는 그 선물 둘 다 맘에 든다.

선택할 두 가지가 있을 경우
both ☞ 둘 다
either ☞ 둘 중 하나
neither ☞ 둘 다 선택을 안 하는 것의 의미입니다.

I like both things very much. 나는 둘 다 맘에 들어.
　　　　↳ 뒤에 복수명사
You can go either way. 너는 둘 중 한 가지 길로 갈 수 있어.
　　　　　　↳ 뒤에 단수명사
Neither job is boring. 두 가지 일 다 지루하지 않아.
↳ 뒤에 단수명사

> both 뒤에는 복수명사를 사용하며 either와 neither 뒤에는 단수명사를 사용합니다.

부분부정
↳ not + all / both / every

all, both, every를 부정어 not과 함께 사용하면, 모든 사람(것)이 다 ~는 아니다라는 뜻으로 문장의 일부분만을 부정하는 부분부정이 됩니다.

문장 전체를 부정하는 전체부정과 일부만을 부정하는 부분부정을 비교해 살펴봅시다.

A : 선물을 주고 싶은데. 뭘 원하세요? 목걸이나 펜던트 아니면 둘 다 주려고 하는데요.

B : 어느 것도 아니에요. 정말 어느 것도 주지 않아도 돼요.

A : 그렇지만 생일이잖아요.

No man wants to be a singer.
누구도 가수가 되기를 원하지 않는다. ☞ 전체부정

Every man doesn't want to be a singer.
모든 사람이 가수가 되기를 원하지는 않는다. ☞ 부분부정

None of them will attend the party.
그들 중 어느 누구도 파티에 참석하지 않을 것이다. ☞ 전체부정

All of them will not attend the party.
그들 모두가 파티에 참석하지는 않을 것이다. ☞ 부분부정

Neither of his parents came here yesterday.
그의 부모님 두 분 다 어제 이곳에 오시지 않았다. ☞ 전체부정

Both of his parents didn't come here yesterday?
그의 부모님 두 분 다 어제 이곳에 오신 것은 아니다. ☞ 부분부정

not… always도 부분부정의 구문입니다.
The rich are not always happy. 부자들이 언제나 행복한 것은 아니다.
The old are not always sick. 노인들이 언제나 아픈 것은 아니다.

Power tip

would like to ~하고 싶다   present 명) 선물
either 대) 어느 한 쪽   both 대) 둘 다
even 부) ~조차   neither 형) 어느 것도 아니다

1 Practice one

그들 둘 다	커피를	좋아한다.	Both of them	like	coffee
그들 중 어느 한 사람이		좋아한다.	Either of them	likes	
그들 중 어느 누구도		좋아하지 않는다.	Neither of them	likes	

나는	그 두 선물이 모두	좋다.	I like	both the presents.
	그 선물 중 하나가	좋다.		either of the presents.
	그 선물 중 어느 것도	좋아하지 않는다.		neither of the presents.

2 Practice two

나는 영어와 수학 둘 다 좋아했다.
(I liked both English and math.)

나는 그것들 중 어느 하나를 싫어했다.
(I didn't like either of them.)

나의 부모님 중 누구도 중국인이 아니다.
(Neither of my parents is Chinese.)

두 팀 다 게임을 잘 했다.
(Both teams played the game well.)

어느 팀도 게임을 잘하지 않았다.
(Neither team played the game well.)

3 Q and A

Q '그들 모두 그 책을 좋아합니까?' 라는 표현을 할 때 Do both them like the book?이라고 하면 '그들 모두' 라는 표현을 both them이라고 해도 맞는 건가요?

A both 뒤에는 복수 명사를 사용할 수도 있고 인칭대명사를 사용할 수도 있습니다. 단 인칭대명사를 뒤에 사용할 경우에는 of를 붙여 표현합니다. 그래서 'Do both of them like the book?' 이라고 해야 맞습니다.

(a) little / (a) few

a little / a few : 긍정
little / few : 부정

lesson 020

Few people were there.

A : Did you go to the post office?
B : Yes, I went this morning.
A : Were there many people there?
B : No, there were only a few.

적은이라는 표현에서 셀 수 있는 명사에는 few
　　　　　　　　　셀 수 없는 명사에는 little

책이 조금 있습니다.(셀 수 있는 명사)
- **There are a few books. (O)**
- There are a little books. (X)

물이 조금 있습니다.(셀 수 없는 명사)
- **There is a little water. (O)**
- There is a few water. (X)

a little이나 a few는 긍정적인 생각을 표현
little이나 few 부정적인 생각을 표현

They have **a little** money.　그들은 돈이 조금 있다.
They have **little** money.　그들은 돈이 거의 없다.
I have **a few** friends.　난 친구가 좀 있다
I have **few** friends.　난 친구가 거의 없다.

> 일상적인 회화에서는 only a few / only a little / not many / not much를 자주 사용합니다.

I **only** have **a little** money now.　난 지금 돈이 조금 밖에 없어.
I **don't** have **many** friends.　나는 친구가 조금 밖에 없어.

> A : 우체국에 갔었니?
> B : 응, 오늘 아침에 갔어.
> A : 거기 사람들 많았어?
> B : 아니, 단지 몇 명만 있었어.

표로 정리해 볼까요?

수를 나타냄	a few	조금의, 약간의, 두 세 개의
	few	조금밖에 없다, 거의 없다
양을 나타냄	a little	조금의, 약간의, 소량의
	little	조금밖에 없다, 거의 없다

> **Power tip**
> post office 우체국   went 동) 갔다
> this morning 오늘 아침   many 형) 많은
> only 부) 단지   a few 적은

1 Practice one

도서관에	많은 많은 많은 단지 몇 권의 거의	책들이 있다. 책들이 없다.

There are	a lot of many lots of only a few few	books in a library.

2 Practice two

그녀는 물을 조금 마셨다.
(She drank a little water.)

어제 저녁 나는 많은 편지를 썼다.
(Last night I wrote a lot of letters.)

나는 일본어를 조금 한다.
(I speak a little Japanese.)

영화관에는 사람들이 별로 없었다.
(There were few people in the movie theater.)

그는 실수를 거의 하지 않는다.
(He makes very few mistakes.)

3 Q and A

a few와 few, a little과 little의 사용을 주의합시다. a few는 셀 수 있는 명사에 대해 사용하고, a little은 셀 수 없는 명사에 대해 사용합니다. 또 같은 양이라도 부정적인 생각의 표현으로 '별로 없다', 또는 '거의 없다' 라는 표현을 할 때는 few와 little을 사용합니다. '나는 지금 돈이 거의 없다.' 라는 표현을 하려면 I have little money now.로 하면 됩니다.

형용사

한정적 용법 : ~한
서술적 용법 : ~하다

l·e·s·s·o·n 021

She is very kind and gentle.

A : What do you like about her?
B : I think she is very kind and gentle.
　　Her voice is so soft as well.
A : Right, she has a beautiful voice.

● 형용사란

사람이나 사물의 성질, 상태, 수량 등을 나타내는 품사로 명사나 대명사를 수식합니다.

형용사의 특징
1 형용사는 단수, 복수가 없습니다.
2 형용사는 현재, 과거 등의 시제에 있어서 그 형태의 변화가 없습니다.

형용사의 두 가지 용법
1 한정적 용법 ~한 (형용사 + 명사)
명사나 대명사의 앞에서 성질이나, 상태, 수량 등을 설명해 주는 역할을 합니다.

There are some beautiful flowers.　아름다운 꽃들이 좀 있다.
　　　　　　　　　　수식

It's a nice day today.　오늘 날씨가 좋다.
　　　수식

I live in a modern house.　나는 현대식 주택에서 산다.
　　　　　　수식

2 서술적 용법 ~하다(be동사 / become + 형용사)
be동사와 함께 사용하며, 문장의 서술하는 역할을 합니다.

I am hungry.　배가 고프다.
The movie is very good.　그 영화는 매우 좋다.
The singer became famous.　그 가수는 유명해졌다.

A : 그녀의 뭐가 맘에 드세요?
B : 그녀는 매우 친절하고 상냥해요. 목소리도 너무 좋은 것 같아요.
A : 맞아요. 목소리가 아름다워요.

3 형용사는 감각을 느끼는 감각동사 **look**보이다 / **taste**맛이나다 / **smell**냄새가 나다 / **feel**느끼다 / **sound**소리가 들리다 등과 함께 써서 서술어의 역할을 합니다.

It **smells good.** 좋은 냄새가 난다.
You **look happy.** 너는 행복해 보인다.
Kimchi **tastes good.** 김치는 맛이 좋다.
I **feel better** now. 이제 컨디션이 좀 나아졌어.
That **sounds great!** 좋은 생각이야.

하나의 명사를 여러 형용사가 수식하는 경우도 있습니다.
He has beautiful blue eyes. 그는 아름다운 푸른 눈을 갖고 있다.
수식
수식

Power tip

kind 형) 친절한   gentle 형) 상냥한
voice 명) 목소리   soft 형) 부드러운
as well 또한   right 형) 옳은

1 Practice one

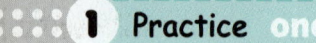

뭔가	새로운 끔찍한 좋은 특별한 놀라운	일이 일어났다.	Something	new terrible good special wonderful	happened.

2 Practice two

이 꽃은 향기가 좋다.
(This flower smells good.)

피자는 맛이 좋다.
(Pizza tastes good.)

그것 좋습니다.
(That sounds good.)

너는 너무나 피곤해 보인다.
(You look very tired.)

나는 지금 추위를 느낀다.
(I feel cold.)

3 Q and A

Q. '이 잡지는 재미있다.' 라는 표현을 할 때 This magazines are interesting.이라고 하면 왜 틀리나요?

A. 위의 문장에서 this는 magazines(잡지)를 꾸며주는 역할을 하고 있으며 this와 that은 복수형이 따로 있어서 뒤에 복수명사가 올 때는 그 형태를 바꾸지 않으면 안 됩니다. this는 these로, that은 those로 하여 These magazines are interesting.로 사용하면 됩니다.

부사

l·e·s·s·o·n 022

slowly : 느리게
fast : 빠르게

Listen carefully.

A : Let me show you how to operate the machine.
   Listen carefully.
B : Ok, you can begin.
A : First, press the button slowly, lift the lever and
   then turn it quickly.
B : I see! Thank you!

● 부사란

사람이나 사물의 모양, 정도, 장소, 때를 나타내며 동사나 형용사 그 외의 다른 부사를 수식합니다.

1 동사를 수식하는 경우 (동사 + (목적어) + 부사)

The medicine works well. 그 약이 효과를 잘 발휘한다.
             ↑
            수식

2 형용사를 수식하는 경우 (부사 + 형용사)

English is very easy to learn. 영어는 배우기에 쉽다.
         ↑
        수식

3 부사를 수식하는 경우 (부사 + 부사)

He can run so fast. 그는 너무나 빨리 달릴 수 있다.
          ↑
         수식

4 문장 전체를 수식하는 경우

Unfortunately, he was hurt in the car accident.
     ↑
  문장전체 수식
불행히도 그가 그 자동차 사고에서 다쳤다.

대부분의 부사는 형용사에 ly를 붙여 만듭니다.
careful 조심스러운(형용사) / **carefully** 조심스럽게(부사)
bad 나쁜(형용사) / **badly** 나쁘게(부사)
sudden 갑작스러운(형용사) / **suddenly** 갑작스럽게(부사)
quick 빠른(형용사) / **quickly** 빠르게(부사)

A : 기계 작동 법을 알려줄게요. 잘 들어 보세요.

B : 네, 준비됐어요.

A : 우선, 버튼을 천천히 누르시고 레버를 올린 다음에 빨리 돌리세요.

B : 알겠어요. 고맙습니다!

어떠한에 대입이 되는 말은 ☞ 형용사
어떻게에 대입해서 어울리는 말 ☞ 부사랍니다.

난 느린 음악이 좋아. I like slow music.
↳ 어떠한 음악? 느린(형용사)

난 문을 천천히 닫는다. I close the door slowly.
↳ 어떻게 닫는다? 느리게(부사)

그는 빠른 주자다. He is a fast runner.
↳ 어떠한 주자? 빠른(형용사)

그는 빨리 달린다. He runs fast.
↳ 어떻게 달린다? 빠르게(부사)

fast는 형용사로도 부사로도 사용됩니다.

흔히 **동사 + 목적어 + 부사** 의 순서로 사용합니다.

She speaks English well. 그녀는 영어를 잘 한다.
↳ 동사 ↳ 목적어 ↳ 부사

부사 중에서도 **장소 + 시간** 의 순서로 사용합니다.

We are going to go there next week. 우린 다음 주에 거기에 갈 거야.
↳ 장소 ↳ 시간

Power tip

how to ~하는 방법
operate 동) 작동하다
machine 명) 기계
carefully 부) 주의 깊게
press 동) 누르다
quickly 부) 빨리

1 Practice one

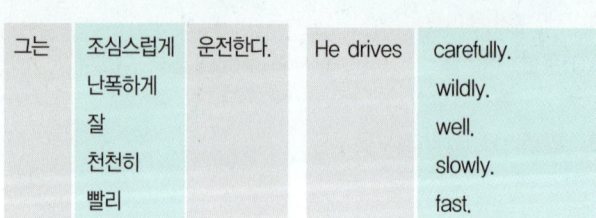

그는	조심스럽게	운전한다.	He drives	carefully.
	난폭하게			wildly.
	잘			well.
	천천히			slowly.
	빨리			fast.

2 Practice two

제니는 매우 조용히 말한다.
(Jenny speaks very quietly.)

우리 축구팀은 경기를 잘 못했다.
(Our soccer team played badly.)

그는 초조하게 기다렸다.
(He waited nervously.)

비가 몹시 오고 있다.
(It's raining heavily.)

나의 엄마는 나에게 큰소리로 소리치셨다.
(My mother shouted at me loudly.)

3 Q and A

Q. Are you doing well? 이란 말과 You'll get well soon.이란 말에서 둘 다 well이란 말이 사용되었는데 같은 뜻인가요? 아니면 차이가 있나요?

A. well은 부사, 형용사, 감탄사, 명사로도 사용이 됩니다. 위의 Are you doing well?(잘 지내니?) 이란 문장에서 well은 '잘' 이란 뜻의 부사로 쓰였고, You'll get well soon.(너는 곧 건강해 질 거야.)이란 문장에서는 '건강한' 이란 뜻의 형용사로 동사 get과 함께 서술어가 된 것입니다.

빈도부사

always / usually
sometimes / never

lesson 023

How often do you call?

A : How often do you call your mom?
B : I usually call her once a week.
A : Do you also call your sister?
B : sometimes.

● 빈도부사란

어떤 일의 횟수나 빈도수를 나타내는 부사입니다.

빈도부사의 위치

be동사가 있는 문장은 be동사의 뒤에
일반 동사가 있는 문장은 일반동사 앞에
have + 과거분사 / 조동사 + 본동사의 문장에서는 그 사이에 둡니다.

It is often cold in winter.　겨울엔 날씨가 자주 춥다.
　　↳ be 동사 뒤

They usually go to the movies on weekends.
　　　　↳ 일반 동사 앞
그들은 주말마다 보통은 영화 보러 간다.

I can never find my keys.　내 키를 찾을 수가 없어.
　　　↳ 조동사와 본동사의 사이

빈도부사에는 다음과 같은 것들이 있습니다.

He always walks to school.　그는 항상 걸어서 학교에 간다.
I sometimes take a walk in the afternoon.
나는 가끔 오후에 산책한다.
When do you usually get up?　너는 보통 언제 일어나니?
We often go shopping.　우리는 자주 쇼핑하러 간다.
I never eat peaches.　나는 복숭아를 안 먹는다.

그 외에도 rarely 드물게 / seldom 좀처럼 / just 막 / still 여전히 / already 벌써
등이 있습니다.

> A : 엄마한테 얼마나 자주 전화하니?
> B : 보통 일 주일에 한 번해.
> A : 네 동생한테도 하니?
> B : 가끔씩만.

실현가능성의 비율
always 언제나(100%) / often 자주(80%) / usually 보통(60%) / sometimes 때때로(40~50%) / rarely(20%) 드물게 / never 전혀~하지 않다(0%)

다음의 단어들은 모양은 같지만 문장에 따라 형용사로도 부사로도 사용됩니다. 꼭 알아둡시다.

He is a **hard** worker. 그는 열심히 일하는 사람이다.
→ 형용사

He works very **hard**. 그는 매우 열심히 일한다.
→ 부사

I don't want to be **late**. 나는 지각하고 싶지 않다.
→ 형용사

I arrived a little **late** for the meeting.
→ 부사
나는 모임에 조금 늦게 도착했다.

She has **long** brown hair. 그녀는 갈색의 긴 머리이다.
→ 형용사

She lived **long**. 그녀는 오래 살았다.
→ 부사

It is **early** winter now in Korea. 지금 한국은 이른 겨울이다.
→ 형용사

She gets up **early** in the morning. 그녀는 아침에 일찍 일어난다.
→ 부사

Power tip
call 동) 전화하다
usually 부) 보통, 대개
once a week 일주일에 한 번
also 부) 또한
sometimes 부) 가끔

다음의 단어들은 형용사로도 부사로도 사용되나, 부사의 형태인 ly로 바꾸면 전혀 다른 뜻의 부사로 사용되는 경우입니다. 주의합시다.

I arrived a little **late** for the meeting. 나는 모임에 조금 늦게 도착했다.
→ 늦게

I haven't seen her **lately**. 나는 요즘 그녀를 본적이 없다.
→ 최근에

He works very **hard**. 그는 매우 열심히 일한다.
→ 열심히

He could **hardly** swim. 그는 수영을 거의 하지 못한다.
→ 거의 ~않다

1. Practice one

나는 등산을	항상 자주 보통 가끔 드물게	한다.
	결코	하지 않는다.

| I | always
often
usually
sometimes
rarely
never | climb the mountains. |

2. Practice two

| 얼마나 자주 | 방을 청소하니?
너의 엄마에게 전화하니?
샤워하니?
삼촌댁에 방문하니?
산책하니? |

| How often do you | clean your room?
call your mom?
take a shower?
visit your uncle's?
take a walk? |

3. Attention!!

'그는 산책을 한다.' 라는 말은 'He takes a walk.' 입니다. 그런데 '자주'란 말을 넣어 표현하고 싶을 때 '자주'란 뜻의 'often'은 빈도부사입니다. 빈도부사는 그 위치가 정해져 있으며 이 문장에서는 일반동사인 takes 앞에 위치해야 합니다. 그래서 He often takes a walk. 로 표현하면 됩니다.

enough / too

~enough to… : 매우 ~해서 …할 수 있다.
too ~to… : 너무나 ~해서 …할 수 없다.

l·e·s·s·o·n 024

They are old enough to go to school.

A : Do your children go to school?
B : Yes, they are old enough to go to school.
A : Do they study foreign languages?
B : No, they are still too young.

enough는 충분한(형용사)의 뜻으로도, 충분히(부사)의 뜻으로도 사용됩니다.

enough + 명사

I've got enough money in my pocket. 내 주머니에 충분한 돈이 있다.
We don't have enough time. 우리는 시간이 충분하지 않다.

enough + for somebody(something)

It is warm enough for you. 날씨가 너에게는 충분히 따뜻하다
The money is enough for him. 그 돈은 그에게는 충분하다.

enough + to do + something

I have enough money to buy a car. 자동차를 살만큼 돈이 충분하다.
The money is enough to buy my clothes.
그 돈은 내 옷을 사기에 충분하다.

enough + for somebody(something) + to do something

This water is enough for him to drink. 이 물은 그가 마시기에 충분하다.
There are enough chairs for you to sit down.
너희가 앉기에 충분한 의자가 있다.

too는 너무라는 뜻으로 부정적인 의미가 담겨있으며 다음과 같이 사용합니다.

I'm too tired. 난 너무나 피곤하다.
It's too much. 그건 너무 많다.
The shirt is too big for him. 셔츠가 그에게는 너무 크다.

A : 당신 자녀들은 학교에 다니나요?
B : 네, 학교에 갈 충분한 나이가 됐으니까요.
A : 외국어를 공부하나요?
B : 아니요, 아직 너무 어려요.

I'm **too** tired **to go out**. 너무 피곤해서 나갈 수가 없다.
She speaks **too** fast **for me to understand**.
그녀는 말이 너무 빨라서 내가 이해할 수가 없다.

부정의 의미인 너무라는 뜻으로 사용되는 경우는 ↘ too
긍정의 의미인 충분히라는 뜻으로 사용되는 경우는 ↘ enough

~(형용사 / 부사) + enough to…

너무나 ~해서 … 할 수 있다 / ~하기에 충분하다

He is **rich enough to buy** a new car. 그는 차를 사기에 충분히 돈이 많다.
He is **old enough to go** to school.
그는 학교에 다니기에 충분히 나이가 들었다.
She was **kind enough to help** me. 그녀는 매우 친절해서 나를 도와주었다.

too + ~(형용사 / 부사) to…

너무나 ~해서 … 할 수 없다

He is **too busy to paint** pictures. 그는 너무 바빠서 그림을 그릴 수 없다.
I was **too tired to study**. 나는 너무나 피곤해서 공부할 수가 없다.
This problem is **too difficult for me to solve**.
이 문제는 너무 어려워서 내가 풀 수가 없다.

> **Power tip**
>
> children 명) 자녀 복수형
> enough 형) 충분한
> foreign 형) 외국의
> languages 명) 언어 복수형
> already 부) 이미, 벌써
> still 부) 여전히

1 Practice one

셔츠가	그에게는 너무	크다.
이 문제는		어렵다.
이 방은		작다.
그 가방은		낡았다.

The shirt	is too	big	for him.
This problem		difficult	
This room		small	
The bag		old	

2 Practice two

그는 매우	부유해서	새 차를 살	수 있다.
	부유해서	해외로 나갈	
	나이가 들어서	그 상황을 이해할	
	나이가 들어서	학교에 갈	
	친절해서	사람들을 도울	

He is	rich	enough to	buy a new car.
	rich		go abroad.
	old		understand the situation.
	old		go to school.
	kind		help people.

3 Attention!!

enough를 형용사나 부사와 함께 사용할 경우에는 항상 형용사나 부사 뒤에 enough를 사용하는 것을 주의합시다. '그것은 충분히 넓다' 라는 표현을 할 때 It is enough large.는 틀린 문장입니다. It is large enough.로 표현해야 합니다.

비교급

taller : 더 큰
more beautiful : 더 아름다운

My younger brother is as tall as I am.

A : Please tell me about your family.
B : Ok, my dad is three years older than my mom. My younger brother is very tall. My younger sister is even taller than my brother. Unfortunately, I am the shortest.
A : So, there are 5 members in your family, right?
B : Yes, that's right.

형용사와 부사는 원급, 비교급, 최상급의 3가지 형태가 있습니다.
원급이란 원래의 상태를 말하고 비교급은 더 ~하다의 의미이며, 최상급은 여러 대상 중에서 가장 ~하다의 의미입니다.

● 형용사의 비교급

단어의 어미(끝)에 er를 붙이고, 긴 단어는 그 단어 앞에 more를 붙여 사용합니다.

He is tall. 그는 키가 크다.
     └→ 원급
He is taller than me. 그는 나보다 키가 더 크다.
     └→ 비교급
This sweater is beautiful. 이 스웨터는 예쁘다.
              └→ 원급
This sweater is more beautiful than that one.
              └→ 비교급
이 스웨터가 저것 보다 더 예쁘다.

● 부사의 비교급

단어에 상관없이 어미에 er를 붙이지 않고 more를 단어 앞에 넣어 사용합니다.

Buses move more slowly than trains. 버스가 기차보다 더 느리다.
You go out more than I do. 나보다 많이(자주) 나간다.

● 비교급수식

훨씬 / 약간 등 비교급 앞에서 수식해 주는 말들이 있습니다.
훨씬 ↪ even, still, much, far, a lot   약간 ↪ a little

A : 너희 가족에 대해 얘기해 줄래.
B : 그래, 우리 아빠는 엄마보다 3살 더 많으셔. 내 동생은 키가 아주 커. 내 여동생은 내 동생보다 훨씬 더 커. 불행히도 내가 가장 작아.
A : 그러면 5명이네, 맞니?
B : 응, 맞아.

This is **a little** bigger than that. 이것이 저것 보다 약간 더 크다.
This is **much** bigger than that. 이게 저것 보다 훨씬 더 크다.

● 동등비교

어떤 두 가지의 대상을 비교하여 그 상태나 정도가 같을 때 동등비교를 사용합니다.

as + 형용사 / 부사 + as

as 와 as 사이에는 반드시 원급만 사용하는 것을 주의합시다.

He is **as old as** I am. 그는 나와 나이가 같다.
Tennis is not **so popular as** soccer. 테니스는 축구만큼 인기가 없다.
The weather today is **the same as** yesterday.
오늘 날씨는 어제 날씨와 같다.

다음의 경우에는 두 가지 표현 모두를 사용합니다.
그는 나보다 나이가 더 많다.
He is older than I am.
= He is older than me.

Power tip

tell 동) 말하다
family 명) 가족
dad 명) 아빠
tall 형) 키가 큰
even 부) 훨씬
unfortunately 부) 불행히도

1 Practice one

그는 나보다	키가 더 크다.
	더 나이가 들었다.
	더 젊다.
	더 뚱뚱하다.
	더 빠르다.
	더 작다.

He is	taller	than me.
	older	
	younger	
	fatter	
	faster	
	shorter	

2 Practice two

| 그는 나와 | 나이가 | 같다. |
| | 키가 | |

| He is as | old | as I am. |
| | tall | |

| 그는 나와 | 나이가 | 같지 않다. |
| | 키가 | |

| He is not as | old | as I am. |
| | tall | |

3 Q and A

Q '이 스웨터가 내 것보다 더 예쁘다.'라는 표현을 할 때 'This sweater is more pretty than mine.'이 틀린 문장인가요?

A 비교급을 만들 때 famous, important, beautiful 등의 비교적 긴 단어에는 more을 붙여 만들고 slowly 등의 ~ly로 끝나는 부사도 보통 more을 붙여 만들지만 보통은 단어 어미에 ~er을 붙여 만듭니다. 그래서 This sweater is prettier than mine.이 되어야 맞습니다.

최상급

biggest : 가장 큰
most important : 가장 중요한

This mountain is the highest in korea.

A : Is this your first time to climb this mountain?(climbing)
B : No, I have climbed this mountain many times.
A : Is there any special reason?
B : This mountain is the highest and most famous in Korea.

● 최상급

셋 이상의 사람, 또는 사물을 비교하여 가장 ~하다는 뜻으로 사용합니다. 최상급은 단어의 어미(단어 끝)에 est를 붙여 만듭니다. 긴 단어의 경우는 앞에 most를 붙이고 그 앞에 the를 붙여 만듭니다.

1 짧은 단어는 ↪ the - est

Mike is the nicest in his class. 마이크는 그의 반에서 가장 착하다.
My brother is the smallest among his friends.
내 동생이 그의 친구들 중에서 가장 작다.

2 긴 단어는 ↪ the most

She is the tallest in her class. 그녀는 반에서 가장 키가 크다.
To tell the truth is the most important thing.
진실을 말하는 것이 가장 중요한 것이다.

3 y로 끝난 단어는 ↪ y를 i로 고치고 est

My bag is the heaviest. 내 가방이 가장 무겁다.
Susan is the prettiest in her class. 수잔이 그녀의 반에서 가장 예쁘다.

4 단모음+단자음으로 끝나는 단어는 ↪ 자음 하나를 더 붙이고 est를 붙입니다.

the hottest 가장 뜨거운 / **the biggest** 가장 큰

> A : (산을 오르며) 이 산 오르는 게 처음이니?
> B : 아니, 많이 올라봤어.
> A : 무슨 특별한 이유가 있니?
> B : 이 산은 한국에서 가장 높고 유명해.

불규칙적으로 변하는 경우

원급	비교급	최상급
good / well	better	best
bad / ill	worse	worst
many / much	more	most
little	less	least

원급, 비교급, 최상급을 표로 정리해 봅시다.

원급	비교급(더-)	최상급(가장-)
small 작은	smaller 더 작음	smallest 가장 작은
happy 행복한	happier 더 행복한	happiest 가장 행복한
beautiful 아름다운	more beautiful 더 아름다운	most beautiful 가장 아름다운

Power tip

mountain 명) 산 climb 동) 오르다
times 명) 번 special 형) 특별한
reason 명) 이유 famous 형) 유명한

1 Practice one

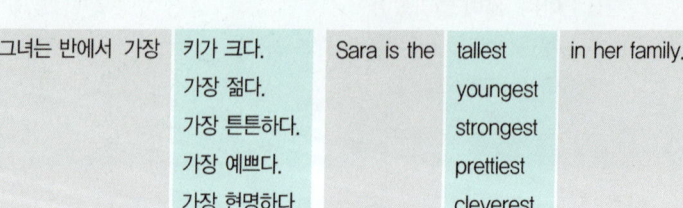

| 그녀는 반에서 가장 | 키가 크다. 가장 젊다. 가장 튼튼하다. 가장 예쁘다. 가장 현명하다. | Sara is the | tallest youngest strongest prettiest cleverest | in her family. |

2 Practice two

이것은 가장 큰 문제다.
(This is the biggest problem.)

오늘은 올 여름 중 가장 더운 날이다.
(Today is the hottest day of this summer.)

그는 그의 나라에서 가장 유명한 가수다.
(He is the most famous singer in his country.)

건강은 인생에서 가장 중요한 것이다.
(Health is the most important thing in life.)

정직은 최상의 정책이다.
(Honesty is the best policy.)

3 Q and A

Q '민수는 그의 반 중에서 가장 키가 크다.'라는 표현을 할 때 Minsu is tallest boy of his class.는 틀린 표현인가요?

A 최상급의 문장에서는 뒤에 in~나 of~의 형태가 잘 옵니다. 어떤 장소나 지역 안에서 거론되는 경우엔 'in'을 여러 사람이나 사물 중에서 거론되는 경우엔 'of'를 사용하게 됩니다. 그래서 흔히 in 다음엔 단수명사가 of 다음엔 복수명사가 오게 되며, 다음 문장이 맞는 문장입니다. Minsu is the tallest boy in his class.

be동사 / 일반 동사의 과거

l·e·s·s·o·n 027

was / were
went / stopped

Were you busy last weekend?

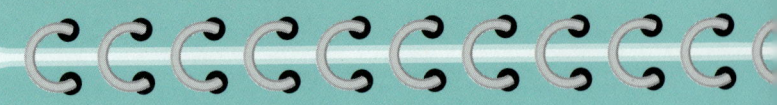

A : Were you busy last weekend?
B : Yes, I was very busy. I went to my uncle's birthday party in Busan.
A : How was the party?
B : It was great. I saw many of my relatives there.

우리말로 ~이다에 해당하는 be동사의 과거형 ~이었다는 was / were로 사용합니다.
be동사의 현재형 am과 is의 과거는 was
are의 과거는 were로 표현합니다.

I (He/She) was a teacher. 나는(그는/그녀는) 선생님이었다.
I (He/She) was not a teacher. 나는(그는/그녀는) 선생님이 아니었다.
⊜ I (He/She) wasn't a teacher.

We (You/They) were teachers. 우리는(당신들은/그들은) 선생님이었다.
We (You/They) were not teachers. 우리는(당신들은/그들은) 선생님이 아니었다.
⊜ We (You/They) weren't teachers.

Were they (we/you) teachers? 그들은(우리는/당신은/당신들은) 선생님이었니?
Was he (I/she) a teacher? 그가(내가/그녀가) 선생님이었니?

be동사는 주어와 상관이 있으나 일반 동사는 주어와 상관이 없으며 보통 동사 끝 어미에 -ed를 붙여 사용합니다. 주어에 따른 변화를 다음의 표로 정리해 봅시다.

	주어	현재	과거
be 동사	I, He, She, It	am, is	was
	You, We, They	are	were
일반동사	규칙 변화	live	lived
	불규칙 변화	go	went

> A : 지난 주말에 바빴니?
> B : 응, 바빴어. 삼촌 생신이어서 부산에 갔었거든.
>
> A : 파티는 어땠니?
> B : 좋았어. 그곳에서 많은 친척들을 만나봤거든.

● 일반동사의 과거형 만드는 법

규칙동사 〰 동사원형에 (e)d를 붙여 과거형을 만드는 동사
불규칙동사 〰 불규칙한 형태로 과거형이 되는 동사

1 어미가 e로 끝나는 동사는 -d만 붙입니다.
like - like**d** 좋아하다 - 좋아했다　　agree - agree**d** 동의하다 - 동의했다
hope - hope**d** 희망하다 - 희망했다

2 어미가 「자음 + y」로 끝나는 동사는 y를 i로 바꾸고 -ed를 붙입니다.
study - stud**ied** 공부하다 - 공부했다　try - tr**ied** 노력하다 - 노력했다
cry - cr**ied** 울다 - 울었다

3 어미가 「모음 + y」로 끝나는 동사는 -ed만을 붙입니다.
enjoy - enjoy**ed** 즐기다 - 즐겼다　　play - play**ed** 놀다 - 놀았다

4 어미가 「단모음 + 단자음」로 끝나는 동사는 마지막 자음을 하나 더 써주고 -ed를 붙입니다.
stop - stop**ped** 멈추다 - 멈췄다　　plan - plan**ned** 계획하다 - 계획했다
rob - rob**bed** 훔치다 - 훔쳤다

단모음(short vowels)이란 영 단어에 모음이 한개 있고 이 모음이 단어 처음에 오거나 두 자음 사이에 올 경우 대체로 단모음으로 소리 납니다.

> 그 밖의 규칙동사는 모두 어미에 **ed**를 붙여 과거형을 만들지만 다음과 같은 예외도 있습니다.
> picnic - picnic**ked** 소풍가다 - 소풍갔다

🔹 Power tip
busy 형) 바쁜　last weekend 지난 주말　uncle 명) 삼촌, 아저씨
party 명) 파티　great 형) 훌륭한　relatives 명) 친척 복수

1 Practice one

나는	선생님이었다.
우리는	
그는	
그들은	
줄리아는	

I was	a teacher.
We were	
He was	
They were	
Julia was	

2 Practice two

그는 축구를	좋아했다.
	했다.
	싫어했다.
	연습했다.
	시작했다.

He	liked	soccer.
	played	
	hated	
	practiced	
	started	

3 Attention!!

과거 시제는 보통 과거를 나타내는 부사어와 함께 사용됩니다. yesterday(어제), last week(지난 주), last month(지난 달) 등과 같은 부사어가 있는 문장에서 현재형이나 미래형을 사용하지 않도록 주의하시고 반드시 과거형 시제 사용하는 것을 잊지 맙시다.

과거시제 부정문, 의문문 만들기

부정 : was / were + not~.
의문 : Was / Were + 주어~?

Did you watch the soccer game?

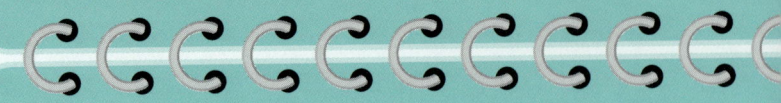

A : Did you watch the soccer game on TV last night?
B : No, I didn't. Was it a good game?
A : Oh, yes! Madrid won the game 2 : 1.
B : I should have watched it.

be동사 과거시제의 부정문은 주어에 따라 달라집니다.

was not(wasn't) / were not(weren't)

I (He, She, It) was not diligent. 나는(그는, 그녀는, 그것은) 부지런하지 않았다.
　　　　　　　　　↳ 또는 wasn't

You (We, You, They) were not diligent.
　　　　　　　　　　　↳ 또는 weren't
너는 (우리는, 너희들은, 그들은) 부지런하지 않았다.

예) He was sick. 그는 아팠다.
　　He wasn't sick yesterday. 그는 어제 아프지 않았어.
　　　　↳ 부정문

일반동사 과거시제의 부정문은 주어에 상관없이 똑같이 did not을 사용합니다.

did not (didn't) + 동사원형

I (You, We, You, They, He, She, It) did not sleep.
　　　　　　　　　　　　　　　　　　　↳ 또는 didn't
나는 (너는, 우리는, 너희들은, 그들은, 그는, 그녀는, 그것은) 자지 않았다.

예) I opened the window. 나는 창문을 열었다.
　　I didn't open the window. 내가 창문 열지 않았어.
　　　　↳ 부정문

부정문을 표로 정리해 봅시다.

be 동사	주어 + was(were) + not~
일반동사	주어 + did not + 동사원형

> A : 너 어젯밤 축구경기 봤니?
> B : 아니, 좋았니?
> A : 응, 마드리드팀이 2대1로 이겼어.
> B : 나도 봤어야 했는데.

be동사 과거시제의 의문문도 주어에 따라 달라집니다.

Was / Were + 주어… ?

Was I(he, she, it) diligent? 나는(그는, 그녀는, 그것은) 부지런했습니까?
Were You(we, you, they) diligent?
너는(우리는, 너희들은, 그들은) 부지런했습니까?

일반동사 과거시제의 의문문은 주어에 상관없이 똑같이 did를 주어 앞에 사용합니다.

Did + 주어 + 동사원형… ?

Did you(I, we, you, he, she, they) sleep well?
너는 (나는, 우리는, 너희들은, 그는, 그녀는, 그들, 그것들은) 잘 잤니?

예) **Were they** in the classroom at that time?
　　그 당시에 그들은 교실에 있었습니까?
　　Did he play tennis yesterday? 그가 어제 테니스 쳤니?

의문문을 표로 정리해 봅시다.

be 동사	was(were) + 주어 ~?
일반동사	Did + 주어 + 동사원형 ~?

Power tip

soccer 명) 축구
game 명) 경기
good 형) 좋은
last night 어젯밤
won 동) 이겼다
should have watched 봤어야 했다

1 Practice one

나는 선생님이 아니었다.
(I was not a teacher.)

우리는 선생님이 아니었다.
(We were not teachers.)

그는 축구를 좋아하지 않았다.
(He didn't like soccer.)

그는 축구를 하지 않았다.
(He didn't play soccer.)

그는 축구를 연습하지 않았다.
(He didn't practice soccer.)

2 Practice two

그는 선생님이었니?
(Was he a teacher?)

너는 선생님이었니?
(Were you a teacher?)

그는 축구를 좋아했었니?
(Did he like soccer?)

그는 축구를 했었니?
(Did he play soccer?)

그는 축구를 연습했었니?
(Did he practice soccer?)

3 Q and A

Q 그들은 축구를 좋아했습니까?라는 문장 'Did they like soccer?' 라고 물으면 어떻게 대답해야 할까요?

A Did라고 묻는 것을 보니 과거의 일이군요. 그러면 대답도 과거로 맞추어 대답하며, like(좋아하다)라는 일반동사로 물으면 간단히 do동사를 사용하면 됩니다. 그래서, Yes, they did(네, 그래요). 또는 No, they didn't(아니오). 라고 대답하면 됩니다.

l·e·s·s·o·n 029

과거진행형과 과거형

과거진행 : was raining
과거 : rained

He was cutting the grass when the phone rang.

A : What was he doing when the phone rang?
B : He was cutting the grass in the garden.
A : Does he often cut the grass?
B : Yes he does, but nowadays he doesn't do it that much.

과거는 과거에 한 일 또는 과거의 사실을 나타낸다.
과거 진행형은 과거의 어느 시점에서 동작이 계속 유지되었을 때 우리말의 ~하고 있는 중이었다는 의미로 사용합니다.

과거진행형의 긍정문

be동사의 과거형(was / were) + 동사원형 + ing

I (he, she, it) was eating some bread.
나는(그는, 그녀는, 그것은) 빵을 먹고 있었다.
You (we, you, they) were eating some bread.
너는 (우리는, 너희는, 그들은, 그것들은) 빵을 먹고 있었다.

과거진행형의 부정문

be동사의 과거형(was,were) + not + 동사원형 + ing

I was not cooking dinner when you called.
네가 전화했을 때, 나는 저녁을 만들고 있지 않았어.
Mr. and Mrs. Baker weren't looking for their son then.
베이커씨 부부는 그당시 아들을 찾고 있지 않았어.

과거진행형의 의문문

be동사 과거형(was, were) + 주어 + 동사원형ing~?

Was she talking with her son? 그녀는 아들과 얘기하고 있었니?
No, she wasn't. 아니, 그렇지 않았어.
Were you walking at that time? 그 당시에 걷고 있는 중이었니?
Yes, I was. 응.

A : 전화가 울렸을 때 그는 뭐하고 있었니?
B : 정원에서 잔디 자르고 있었어.
A : 그는 자주 잔디 자르니?
B : 응, 그런데 요즘은 그다지 안 해.

대답은 긍정이면 ☞ Yes, 주어 + be동사 과거형으로
　　　　부정이면 ☞ No, 주어 + be동사 과거형 + not으로

과거형과 과거진행형의 사용을 비교하여 살펴봅시다.
I watched TV a lot. 나는 TV를 너무 많이 봤다.
　　↳ 과거형
I was watching TV then. 나는 그 때 TV를 시청하고 있었다.
　　　↳ 과거진행형
I cooked dinner. 나는 저녁 식사를 요리했다.
　　↳ 과거형
I was cooking dinner. 저녁 식사를 요리하고 있었다.
　　　↳ 과거진행형

다음 두 문장의 의미도 비교해 봅시다.
▷ When she arrived, we were having dinner.
　그녀가 도착했을 때 우리는 저녁을 먹고 있는 중이었다.
▷ When she arrived, we had dinner.
　그녀가 도착했을 때 우리는 저녁을 먹었다.

때때로 과거형과 과거진행형을 하나의 문장에 사용할 수 있습니다.
I was reading a book when you called me.
네가 나한테 전화했을 때 난 책 읽고 있었다.
He hurt his hand while he was washing the dishes.
그는 설거지를 하고 있는 동안 손을 다쳤다.

Power tip

phone 명) 전화　　rang 동) 울렸다　　cut 동) 자르다
grass 명) 잔디　　often 부) 자주　　nowadays 부) 요즘

1 Practice one

| 줄리아는 | 텔레비전을 보고
역사를 공부하고
샤워를 하고
울고 | 있었다. |

| Julia was | watching TV.
studying history.
taking a shower.
crying. |

2 Practice two

| 줄리아는 | 텔레비전을 보고
역사를 공부하고
샤워를 하고
울고 | 있었니? |

| Was Julia | watching TV?
studying history?
taking a shower?
crying? |

3 Q and A

Q 현재와 현재진행형시제, 과거와 과거진행형의 시제를 사용하는 차이점을 설명해 주세요.

A 현재시제는 일상적인 습관이나 변하지 않는 일들에 사용하고, 현재진행형시제는 동작이나 상태가 진행 중인 경우 또는 미래적인 의미로도 사용됩니다. 과거시제는 과거에 시작해서 과거에 끝난 일 또는 역사적인 사실에 사용하며, 과거진행시제는 과거의 어느 시점에 진행 중인 동작이나 상태를 나타내는 경우에 사용합니다.

의문사 1

who / what

Who did you meet yesterday?

A : **Who** did you meet yesterday?
B : I met a buyer from Australia.
A : **How** did it go?
B : Well, I think. He seemed very interested in the samples.

의문사는 의문을 나타내는 품사이며 묻고자 하는 내용에 맞게 who, what, which, how, why, where, when 등의 의문사 중에서 선택, 사용하면 됩니다.

의문사가 있는 be동사 의문문

의문사 + be동사 + 주어 ?

Who is he?   그는 누구니?
Why is he absent?   그가 왜 결석했니?
Where were you last night?   어젯밤 어디 있었니?

의문사가 있는 일반동사 의문문

의문사 + do / does / did + 주어 + 동사원형?

What does he do?   그는 직업이 뭐니?
Where did she go last night?   그녀는 어젯밤 어디 갔었니?
Which do you like, soccer or tennis?
축구하고 테니스 중 어느 것을 좋아하니?

who와 what은 둘 다 주어로도 목적어로도 사용합니다.

Who is your English teacher?   누가 너의 영어 선생님이니?
 └→ 주어
What are you looking for?   너는 무엇을 찾고 있니?
 └→ look for의 목적어

 Who saw Lisa?   누가 Lisa를 보았니? (주어)
Jenny saw her.   제니가 봤어.

142

> A : 어제 누구 만났어요?
> B : 호주에서 온 바이어 만났어요.
> A : 일이 어떻게 됐나요?
> B : 글쎄요. 그는 샘플에 매우 흥미 있어 보였어요.

Who did Jenny see? 제니가 누구를 보았니?(목적어)
she saw **Lisa.** Lisa를 봤어.

What happened? 무슨 일이야?(주어)
Jenny passed the exam. 제니가 그 시험에 통과했어.

What did Jenny pass? 제니가 무엇을 통과했어?(목적어)
She passed **the exam.** 그 시험을 통과했어.

다음의 전치사를 주의합시다!
Jenny is talking to Susan.
제니가 Susan에게 말하고 있어.
Who is Jenny talking to ? 제니가 누구와 전화하고 있어?
↳ to를 빼지 않도록 주의
What's the weather like ? 날씨가 어때?
↳ 여기서는 좋아하다란 뜻이 아니라 전치사로 사용됨.

Power tip

meet 동) 만나다   buyer 명) 구매자
Australia 명) 호주   seem 동) ~처럼 보이다
interested 형) 흥미로운   sample 명) 샘플

1 Practice one

저 소녀는 누구니?
(Who is that girl?)

너는 누구를 찾고 있니?
(Who are you looking for?)

누가 창문을 깨뜨렸니?
(Who broke the window?)

너는 어제 누구를 만났니?
(Who did you meet yesterday?)

너는 누구를 보았니?
(Who did you see?)

2 Practice two

무슨 뜻이니?
(What do you mean?)

그는 무엇을 걱정하고 있었니?
(What was he worrying about?)

너는 뭘 찾고 있니?
(What are you looking for?)

그는 뭘 하고 있니?
(What is he doing?)

날씨가 어떠니?
(What's the weather like?)

3 Attention!!

의문사 중에 who는 이름이나 신분을 물을 때 사용하고, what은 지위나 직업 등을 물을 때 사용합니다. Who is he?는 그의 이름이나 신분을 묻는 말이 되며, What is he?는 그의 직업 등을 묻는 표현되는 것입니다. 그러나 상대방에게 직접 Who are you? 또는 What are you?라고 묻는 경우에는 실례가 된답니다. 대신 What's your name? 또는 What do you do? 등으로 물으면 무난합니다.

의문사 2

what / which

Which one do you prefer?

A : I'm looking for a sweater.
B : We have a blue one and a red one.
    Which one do you prefer?
A : I like the red one. May I try it on?
B : Of course.

what과 which는 단독으로 또는 뒤에 명사와 함께 사용됩니다.

What is that book you are reading? 네가 읽고 있는 책은 무엇이니?
What color is your car? 어떤 색이 너의 차니?
Which do you like most? 어느 것을 당신은 가장 좋아하십니까?
Which is your book? 어느 것이 당신의 책입니까?
Which movie do you like? 어떤 영화를 좋아하십니까?
Which one do you like? 어떤 것이 마음에 들어요?
Which hat do you like? 어떤 모자가 당신이 좋아하는 것입니까?

what이 의문대명사로 쓰일 때는 어떤 것, 무엇을 뜻하며 주로 물건이나 사건을 의미합니다. 또한 의문형용사로 무슨이라는 뜻이 됩니다.

의문대명사

What do you want? 당신은 무엇을 원합니까?
What do you like most? 당신은 무엇을 가장 좋아합니까?

의문형용사

What subject do you like most? 어떤 과목을 가장 좋아하십니까?
What book will you buy? 어떤 책을 살 겁니까?

● what과 which의 비교

which는 2개 내지 4개 정도의 적은 가능성을 염두에 두고 질문할 때 사용합니다.

A : 스웨터를 찾고 있는데요.
B : 파란 색과 빨간색이 있는데요. 어떤 것을 원하세요?

A : 빨간 색이 맘에 들어요. 입어 봐도 될까요?
B : 물론이에요.

Which way do I have to go? 어느 길을 가야합니까?
Which is yours among these 4 bags?
저 4개의 가방 중 어느 것이 네 거니?

what은 좀 더 폭넓게 일반적으로 물을 때 사용합니다.

What kind of movies do you like? 어떤 종류의 영화를 좋아하세요?
What is the capital of Korea? 한국의 수도는 무엇입니까?

다음을 구분하여 정확한 표현을 익힙시다.

네 차는 무슨 색이니?
- **What color is your car?** (O)
- **Which color is your car?** (X)

빨강, 노랑, 파란색 중에 무슨 색을 가장 좋아하니?
- **Which color do you like – red, yellow, or blue?** (O)
- **What color do you like – red, yellow, or blue?** (X)

가장 높은 산이 뭐야?
- **What is the highest mountain in the world?** (O)

알프스, 로키, 히말라야 중에서 어느 것이 가장 높아?
- **Which is the highest mountain range – the Alps, the Rockies, or the Himalayas?** (O)

Power tip

looking for 찾다   sweater 명) 스웨터
have 동) 가지고 있다   blue 형) 파란 색의
prefer 동) 더 좋아하다   try on 입어보다

1 Practice one

네 차는	어떤 색	이니?
너의 가방은	어떤 색	
너의 옷은	어떤 사이즈	
너의 머리는	어떤 스타일	
네가 가장 좋아하는 것은	어떤 노래	

What	color	is	your car?
	color		your bag?
	size		your dress?
	style		your hair?
	song		your favorite?

2 Practice two

이것과 저것 중에	어느 것을 더 좋아합니까?
레몬과 바나나 중	
맥주와 와인 중	
수학과 과학 중	
영화와 연극 중	

Which do you like more,	this or that?
	lemons or bananas?
	beer or wine?
	math or science?
	movies or plays?

3 Attention!!

'그는 무슨 일을 하니?'라고 표현하고 싶을 때 자주 범하는 실수가 있습니다. 'What does he do?'라는 문장에서 does를 이미 사용했기 때문에 뒤에 do를 빼 놓기가 쉽습니다. 앞의 does는 일반동사의 의문문 형태에서 주어(he)가 3인칭 단수이기 때문에 쓰인 조동사이므로 '하다'란 뜻의 본동사를 빼 놓지 말고 사용해야 합니다.

의문사 3

– How

How tall is he?

A : Did you meet your new English teacher?
B : Yes, I did. He is very tall.
A : How tall is he?
B : Well, I don't know exactly.

how는 얼마나 / 어떻게

● how의 사용

1 방법이나 정도를 물을 때

How are you? 어떻게 지내니?
How do you do? 안녕하세요?(처음 만날 때)
How does he drive his car? 그는 그의 차를 어떻게 운전합니까?
How was your birthday party? 너의 생일 파티 어땠어?

2 교통수단을 물을 때

How do you usually get to work? 넌 보통 직장에 어떻게 가니?
How can I get to the station? 역에 어떻게 갈 수 있니?

3 시간이 얼마나 걸리는 지를 물을 때

How long does it take to get to the station from your house by bus?
너희 집에서 역까지 버스로 얼마나 걸리니?
How long does it take me to get to your place?
네가 있는 곳에 가려면 얼마나 걸리니?

how는 단독으로도 사용하지만 뒤에 형용사나 부사와 함께 사용하기도 합니다.
How old is your brother? 네 동생은 몇 살이니?
　↳ how + 형용사

> A : 새 영어 선생님 만났니?
> B : 응. 키가 아주 크시던데.
> A : 얼마나 크신데?
> B : 글쎄, 정확히는 몰라.

How tall are you? 너는 키가 몇이니?
→ how + 형용사
How big is the house? 그 집은 얼마나 크니?
→ how + 형용사
How often do you clean your room? 넌 얼마나 자주 방 청소하니?
→ how + 부사
How far is it to Suwon Station? 수원 역까지 얼마나 멀어요?
→ how + 부사

how many는 ↪ 수를
how much는 ↪ 양을 묻는 표현

How many people were there in the meeting?
→ 수
모임에 몇 명 참석했습니까?

How much money do you have? 돈을 얼마나 가지고 있니?
→ 양

Power tip

meet 동) 만나다   new 형) 새로운
English teacher 영어 선생님   very 부) 매우
tall 형) 키가 큰   exactly 부) 정확히

1 Practice one

그는	키가	얼마니?	How	tall	is	he?
이것은	가격이			much		this?
그녀는	나이가			old		she?
그 상자는	크기가			big		the box?
	거리가			far		it?

2 Practice two

네가 있는 곳에	가려면 얼마나 걸리니?
너의 집에	
대학에	

How long does it take to get to	your place?
	your home?
	the university?

이곳	에서	사무실	까지 얼마나 걸리니?
네가 있는 곳		사무실	
너의 집		대학	

How long does it take to get to	your office	from	here ?
	your office		your place?
	the university		your home?

3 Attention!!

How many…?와 How much…?의 차이에 대해 주의가 필요합니다. 사람이나 사물의 수를 묻는 경우에는 How many를 사용하고 사물의 양을 묻는 경우에는 How much를 사용합니다. 그래서 '친구가 얼마나 있니?'라는 표현을 할 때는 How much friends do you have?라고 하면 틀린 문장이고 **How many friends do you have?**라고 해야 하는 것이죠.

감탄문

How + 형용사!
What + a(an) + 형용사 + 명사!

What a lovely mountain this is!

A : Wow, what a lovely mountain this is!
B : I agree, and look at these flowers.
A : How beautiful!

다음 문장을 비교해 보세요.

너는 매우 친절하구나.
평서문 : You are very kind.
감탄문 : How kind you are!

이것은 정말 예쁜 꽃이구나.
평서문 : This is a very beautiful flower.
감탄문 : What a beautiful flower this is!

위와 같이 놀람, 기쁨 등의 감정을 표현할 때는 How로 시작하거나 What으로 시작하는 감탄문을 사용합니다.

How로 시작하는 감탄문

How + 형용사 / 부사(+ 주어 + 동사)!

How fast he runs!   그는 정말 빨리 달린다!
How foolish you are!   당신은 너무 어리석어요!
How kind you are!   당신은 너무 친절하군요!

What으로 시작하는 감탄문

What + (a / an) + 형용사 + 명사(+ 주어 + 동사)!

What a fast driver he is!   그는 정말 운전을 빨리 한다!
What a foolish man you are!   당신은 너무나 어리석은 사람이에요!
What beautiful flowers these are!   이것은 얼마나 아름다운 꽃인가!

A : 와, 얼마나 아름다운 산인가!
B : 맞아, 이 꽃들 좀 봐!
A : 너무나 아름다워!

What으로 시작하는 감탄문에서 What 뒤에 오는 명사가 복수명사이거나 셀 수 없는 명사인 경우에 a / an을 붙이지 않도록 주의합시다.

이것은 얼마나 아름다운 꽃인가!
- What beautiful flowers these are! (O)
- What a beautiful flowers these are! (X)

그들은 얼마나 친절한 소년들인가!
- What kind boys they are! (O)
- What a kind boys they are! (X)

이것은 얼마나 맛있는 주스인가!
- What delicious juice this is! (O)
- What a delicious juice this is! (X)

감탄문에서는 주어와 동사를 생략하는 경우가 많습니다.

How kind (he is)! (그는) 얼마나 친절한가!
How pretty (she is)! (그녀는) 얼마나 예쁜가!
What a wonderful world (it is)! (그것은) 얼마나 멋진 세상인가!

Power tip

lovely 형) 사랑스러운
mountain 명) 산
agree 동) 동의하다
look at ~을 보다
these 형) 이러한 복수
beautiful 형) 아름다운

1. Practice one

그는 얼마나 빨리 달리는가!
(How fast he runs!)

날씨가 얼마나 추운가!
(How cold it is!)

이 빌딩은 얼마나 높은가!
(How tall this building is!)

이 꽃은 얼마나 아름다운가!
(How beautiful this flower is!)

네 동생은 기타를 얼마나 잘 치는가!
(How well your brother plays the guitar!)

2. Practice two

이것은 얼마나 예쁜 인형인가!
(What a pretty doll this is!)

얼마나 좋은 날씨인가!
(What nice weather it is!)

너는 얼마나 영리한가!
(What a clever boy you are!)

이것은 얼마나 재미있는 게임인가!
(What a funny game this is!)

얼마나 아름다운 꽃들인가!
(What beautiful flowers they are!)

3. Q and A

Q 'How pretty is she?' 란 문장과 'How pretty she is!' 란 문장에는 어떤 차이가 있나요?

A '의문사 + 동사 + 주어' 는 의문문의 형태이며 '의문사(what / how) + 주어 + 동사' 는 감탄문의 형태입니다. 위 문장에서 how pretty는 의문사이고 is가 동사 she가 주어이므로 'How pretty is she?' 는 '그녀는 얼마나 예쁘니?' 라는 의문문, 'How pretty she is!' 는 '그녀는 정말 예쁘구나!' 하고 감탄하는 감탄문입니다. 감탄해야 하는 순간에 어순이 틀리지 않도록 주의해야겠죠!!

명령문, 권유문

Take a walk!
Could you take a walk?

Watch out! A car is coming.

A : We should hurry if we want to be on time.
B : Yes, I really want to see that movie.
A : Be careful! Watch out! A car is coming.
B : Oh! Thank you.

다른 사람에게 명령을 할 때에는 듣는 사람이 상대방 You(너/당신)로 정해져 있습니다. 그래서 명령문 앞에는 You를 생략하고 동사를 문장 맨 앞에 두며 항상 원형을 사용합니다. 공손한 명령문을 할 때에는 보통 앞이나 뒤에 Please를 붙여 사용하면 됩니다.

be동사 명령문

Be careful. 조심해.
Be quite. 조용히 해.

일반동사 명령문

Stay here. 여기 있어.
Wait for me. 나를 기다려라.
Close the door. 문 닫아라.
Listen carefully. 잘 들어라.

be동사 부정 명령문

Don't be noisy. 시끄럽게 하지 마라.
Don't be late for the meeting. 모임에 지각하지 마라.

일반동사 부정 명령문

Don't stay here. 여기 있지 마.
Don't wait for me. 나 기다리지 마.
Don't close your eyes. 눈을 감지 마라.

권유문은 정중하게 부탁을 할 때 사용하며 다음의 여러 표현들이 있습니다.
let's + 동사원형 / could you + 동사원형 / would you + 동사원형 / Is it okay if 주어 + 동사 / do you mind if 주어 + 동사 등

A : 우리 제 시간에 도착하려면 서둘러야 해.
B : 그래, 난 정말 그 영화를 보고 싶어.
A : 조심해. 차가 오고 있어.
B : 오, 고마워.

권유문

Let's get out of here. 여기서 나가자.
Let's not dance. 춤추지 말자.
Could you please open the window? 창문 좀 열어주시겠어요?
Would you do me a favor? 부탁 좀 들어 주시겠어요?
Do you mind if I smoke? 담배를 펴도 괜찮겠습니까?
Is it ok if I smoke? 담배를 펴도 괜찮겠습니까?

부가의문문

상대방에게 재확인하거나 동의를 구하고 싶을 때 사용합니다.
문장이 긍정문이면 ↩ 부정으로
부정문이면 ↩ 긍정으로 뒤에 붙입니다.

He |likes| tennis, |doesn't| he? 그는 테니스를 좋아하지, 그렇지 않니?
    └→ 긍정   └→ 부정
He is |not| a student, |is| he? 그는 학생이 아니지, 그렇지?
      └→ 부정   └→ 긍정

권유문 중 let's + 동사원형의 부가 의문문은 뒤에 shall we?를 붙이지만 구어체에서는 OK? / okay? / all right? 등을 붙여 사용하기도 합니다. 그리고 명령문에서는 주로 will you?를 붙여 사용하면 됩니다.

Let's go, **Shall we?** 가자, 그러지 않을래?
Open the door, **will you?** 문 좀 열어주지 않을래?

> **Power tip**
> hurry 동) 서두르다   on time 제 시간에
> really 부) 정말   want 동) 원하다
> movie 명) 영화   watch out 조심하다

1 Practice one

소금을 내게 건네주세요.
(Pass) me the salt please.

그녀에게 안부를 전해주어라
(Give) her my regards.

이 책을 그에게 건네주어라.
(Hand) him this book.

다시 전화할 것을 약속해주세요.
(Promise) me to call again, please.

여기서 나를 내려주세요.
(Drop) me off here, please.

2 Practice two

산책하자.
(Let's take a walk.)

저와 함께 산책하시겠어요?
(Could you take a walk with me?)

산책하시는 것 괜찮으시겠어요?
(Do you mind if we take a walk?)

산책합시다.
(Why don't we take a walk?)

우리 산책해도 괜찮겠어요?
(Is it ok if we take a walk?)

3 Attention!!

'그녀는 정말 피아노를 잘 치지요, 그렇지 않나요?' 하고 자신의 말에 대해 상대방의 동의를 구하기 위해 문장의 끝에 덧붙이는 의문문을 부가의문문 (tag question)이라고 합니다. 긍정문의 끝에는 부정 부가의문문을, 부정문의 끝에는 긍정 부가의문문을 붙이며, 형태는 「be / do / have / 조동사 + 주어」입니다. 그래서 'She is a good pianist, isn't she?' 라고 하면 됩니다.

미래(진행형, be going to)

lesson 035

be doing
be going to do

Where are you going?

A: Where are you going?
B: I'm going to go skiing with my family for the weekend.
A: When is the train leaving?
B: It's leaving at 2:30 this afternoon.

be동사 + going to + 동사원형

~할 것이다 / ~할 예정이다의 뜻으로 가까운 미래를 나타냅니다.
be동사는 주어의 인칭에 따라 변하며, to다음에는 동사 원형을 사용하는 것에 주의합시다. 이 때 going에는 가다의 뜻이 없습니다.

I am going to swim.   나는 수영할거야.
She's going to do her homework.   그녀는 숙제를 할 것이다.

● 부정문

be동사 뒤에 not을 붙여 '~하지 않을 거야' 라는 의미로 사용합니다.

be동사 + not + going to + 동사원형

I am not going to swim.   나는 수영하지 않을 거야.
She's not going to do her homework.   그녀는 숙제를 안 할 것이다.

● 의문문

be동사와 주어의 위치를 서로 바꿔 의문문을 만들며 의문사가 있는 경우 맨 앞에 붙이면 됩니다.

be동사 + 주어 + going to + 동사원형?
의문사 + be동사 + 주어 + going to + 동사원형?

Are you going to swim?   너는 수영할거니?
Is she going to do her homework?   그녀는 숙제를 할까?
What are you going to do?   넌 뭐 할 거니?

미래에 대한 표현은 미래진행형 / be going to / will 등으로 나타낼 수 있

A : 너 어디 가세요?
B : 주말동안 가족이랑 스키 타러 가요.

A : 기차는 언제 떠나요?
B : 오늘 오후 2시 반에 떠나요.

으며 각각에 대한 표현의 차이를 살펴봅시다.

진행형(be동사 + ~ing)

가까운 정해져 있는 미래를 나타내기도 합니다.

I am going to the dentist on Friday.
나는 금요일에 치과 갈 거야. (약속이 되어있는 상태)

We're having a welcome party next weekend.
우린 다음 주말에 환영 파티를 열거야.

be going to + 동사

징후가 있어 확실하게 일어날 것 같은 일을 예고하거나, 하려는 의도가 있을 때 사용합니다.

I'm going to borrow the book tomorrow. 내일 그 책 빌릴 거야.
I'm going to have lunch right now. I'm hungry.
난 지금 점심 먹을 거야. 배가 고프거든.

> **Power tip**
> be going to ~할 예정이다   family 명) 가족
> weekend 명) 주말   train 명) 기차
> leave 동) 떠나다   afternoon 명) 오후

1 Practice one

나는	점심을 먹을 첼로를 연습할 그것에 대해 너한테 말해줄 외국에서 공부할 수영장에서 수영할	거야.	I'm going to	have lunch. practice the cello. tell you about that. study abroad. swim in the pool.

2 Practice two

우린 다음 주말에 환영 파티를 열거야.
(We're having a welcome party next weekend.)

비가 올 거야.
(It's going to rain.)

이 기차는 곧 떠날거야.
(This train is leaving soon.)

나는 오늘아침 안 먹을 거야.
(I'm not going to have breakfast this morning.)

비가 올까?
(Is it going to rain?)

3 Q and A

Q '나는 눈 쌓인 나무를 보고 있다.' 라는 표현을 할 때 I am seeing a tree covered with snow.라는 문장은 왜 잘못된 문장인가요?

A 동사에는 상태동사(have, know, like 등), 지각동사(see, hear 등) 등의 보통 진행형으로 사용되지 않는 동사들이 있습니다. 위의 동사들은 늘 상 이뤄지는 상태를 나타내기 때문에 진행의 의미로 표현하려면 다음과 같이 하시면 됩니다. I am looking at a tree covered with snow.

조동사 1

− will

I will be nineteen years old next month.

A : I will be nineteen years old next month.
B : Will you go to university?
A : Yes, I'm preparing for the entrance exam now.
B : I'm sure that you will do well.

조동사란 동사를 도와서 동사에 의미를 추가하고 덧붙이는 역할을 합니다. 주어의 인칭과 수에 관계없이 항상 형태가 일정하고, **반드시 동사 앞에 위치하며 조동사 뒤에는 동사원형**을 사용합니다

● will

미래의 의지 / 의도 / 현재의 고집 / 습성 등을 나타내는 조동사로 **~하겠다 / ~일 것이다**의 뜻으로 사용합니다.

주어 + will의 단축형

I will ↪ I'll   We will ↪ We'll
He will ↪ He'll   She will ↪ She'll
You will ↪ You'll   They will ↪ They'll
It will ↪ It'll

심화표현

She will be twenty next month. 그녀는 다음 달에 20살이 된다.
 → 단순한 미래
I'll buy this car. 나는 이 차를 살거야. (주어의 의지)
A drowning man will catch at a straw.
물에 빠진 사람은 지푸라기라도 잡기 마련이다. (일반적인 경향 · 습성)
They will open the store at 7 a.m.
그들은 으레 7시에 개점한다. (현재의 습관적 동작)
You will be here with me. 나랑 함께 여기 있을 거지! (가벼운 명령)
Will you help me? 도와주시겠어요? (의뢰)
Will you have a cup of coffee? 커피 한 잔 드시겠어요? (권유)

A : 난 다음 달이면 19살이 되요.
B : 대학에 갈 거니?
A : 네, 지금 입학시험 준비중이에요.
B : 넌 분명히 잘 할 거야.

will의 부정문은 will not 동사원형 으로 will not을 줄여 won't로 사용합니다.

She **will not** play the piano. 그녀는 피아노를 치지 않을 것이다.
The door **will not** open. 문이 열리지 않는다.
We **won't** be there. 우리는 그곳에 가지 않을 거야.
I **won't** be here tomorrow. 난 내일 여기 없을 거야.

will의 의문문은 will + 주어 + 동사원형
의문사 있을 때는 의문사 + will + 주어 + 동사원형? 으로 표현하면 됩니다

Will you go to Paris? 파리에 갈거니?
What will you do after school? 방과후에 뭐 할 거니?
When will you take a trip? 언제 여행할 거니?

주어가 2인칭일 땐 will, 1인칭일 땐 shall을 사용하여 상대방의 의사를 물으면 됩니다.

Will you help me? 나 좀 도와주실래요?
Shall I call you tonight? 내가 너한테 오늘밤 전화할까?
Shall we go to the movies? 우리 영화 보러 갈까?

Power tip

nineteen 형) 19세의
next month 다음 달
university 명) 대학교
prepare 동) 준비하다
entrance 명) 입학
exam 명) 시험

1 Practice one

미용실에 들릴	래요?
커피 한 잔 드실	
문 좀 닫을	
커튼 좀 내려줄	
파티에 올	

Will you	drop by the hair dresser's?
	have a cup of coffee?
	close the door?
	draw the curtain?
	come to the party?

2 Practice two

나는 냉장고를 살	거야.
음악회에 갈	
사업차 외국으로 떠날	
내일 다시 여기 올	
내년이면 20살이 될	

I will	buy a refrigerator.
	go to a concert.
	be off abroad on business.
	be here again tomorrow.
	be twenty years old next year.

3 Attention!!

will은 미래나 의지 등을 나타내는 조동사의 하나입니다. 이러한 조동사는 본래의 동사 앞에 위치하며 그 본래의 동사는 3인칭 단수인 경우에 붙였던 ~s나 ~es를, 또는 과거시제인 경우에 붙였던 ~ed를 원래의 상태로 다시 빼고 원형을 사용해야 합니다. 또 본래의 동사가 be동사인 경우 조동사 뒤에 be사용을 잊지 맙시다.

조동사 2

can / may

May I come in?

A : May I come in(Knocking)?
B : Yes, come in. What can I do for you?
A : May I use your phone?
B : Sure, go right ahead.

can

가능, 허락의 의미를 나타내는 조동사

✱ 능력 / 가능을 나타내는 경우 : ~할 수 있다

He can skate very well. 그는 스케이트를 매우 잘 탄다.
I can play the guitar. 나는 기타를 칠 수 있다.

✱ 허가 / 허락을 나타내는 경우 : ~해도 좋다

You can come in now. 지금 들어와도 좋아요.
　↳ = may

Can I use this computer? 컴퓨터를 사용해도 될까요?
　↳ = may

✱ 의심을 나타내는 경우 : 과연 ~일까? / ~일 리가 없어

Can it be true? 그게 과연 사실일까?
It can't be true. 그것은 사실일 리가 없어.

능력, 가능을 나타내는 경우에 be able to로 바꿔 같은 의미로 사용할 수 있으며, 허가, 허락을 나타내는 경우에 may로 바꿔 사용할 수 있습니다.

그는 스케이트를 매우 잘 탄다. (능력, 가능)
He can skate very well.
● He is able to skate very well.

지금 들어와도 좋아요. (허가, 허락)
You can come in now.
● You may come in now.

A : (두드리며)들어가도 되요?
B : 네, 들어오세요. 무엇을 도와드릴까요?
A : 전화 좀 사용해도 될까요?
B : 물론이에요, 어서 쓰세요.

● may

동사 앞에 붙여 허락, 추측을 나타내며 기원문이나 관용문에 사용합니다.

✱ 허가(허락)을 나타내는 경우 : ~해도 좋다

You may use this computer. 너는 이 컴퓨터를 사용해도 좋아.
　　= can
May I read this letter? 이 편지 읽어도 되요?
　　= can

✱ 추측을 나타내는 경우 : ~일지도 모른다

It may snow tomorrow. 내일 눈이 올지도 모른다.
They may come here today. 그들은 오늘 여기에 올지도 모른다.

✱ 기원, 소망을 나타내는 경우 : ~하소서

May you be happy! 행복하소서!
May you live long! 장수하세요!

can의 부정문은 cannot / can't 이며 과거문은 could를 사용합니다.

I can't swim. 나는 수영을 못한다.
When I was young, I could run very fast.
내가 어렸을 때, 달리기를 잘했었다.

can의 의문문은 can / could + 주어 + 동사원형~? 으로 표현합니다.

Can you speak French? 너 불어 할 줄 알아?

Power tip

knock 동) 두드리다　　may 조) ~해도 좋다　　use 동) 사용하다
come in 들어오다　　right 부) 곧바로　　ahead 부) (거침없이)앞으로

1 Practice one

그녀는	하프를 연주할	수 있다.
	3개 언어를 말할	
	자기 차를 운전할	
	자전거를 탈	
	탁구를 잘 칠	

She can	play the harp.
	speak three languages.
	drive her car.
	ride a bike.
	play table tennis very well.

2 Practice two

이 편지 읽어도	되요?	May I	read this letter?
라디오를 켜도			turn on the radio?
컴퓨터를 사용해도			use your computer?
이 방에서 담배를 펴도			smoke in this room?
이 자리에 앉아도			have this seat?

3 Q and A

Q Can I use a computer?란 표현과 Can I use your computer?의 표현에 어떤 차이가 있나요?

A Can I use a computer?라는 문장은 '내가 컴퓨터를 사용할 수 있을까?' 라는 능력의 문제이며, Can I use your computer?의 문장에서는 '내가 네 컴퓨터를 사용해도 됩니까?' 라는 허가의 문제입니다. 좀 사용하도록 빌려 달라는 의미가 되는 것이겠지요.

조동사 3

must / have to / should / might

I must hurry and go to work.

A : I must hurry and go to work.
B : What's the rush?
A : I have an important meeting at 4.
B : Be careful. You should still take your time driving.

● must

필요 / 의무 / 금지 또는 강한 추측을 나타내는 조동사입니다.

✱ 필요 / 의무를 나타내는 경우 : ~해야 한다 = have to

We must leave this place at 5. 우리는 5시에 이 곳을 떠나야 해.
You must do your homework. 너는 숙제를 해야만 해.

✱ 금지를 나타내는 경우 : ~해서는 안 된다

You must not take photos in the museum.
박물관에서 사진을 찍어서는 안 된다.
we must not make a noise in the library. 도서관에서 떠들면 안 된다.

✱ 강한 추측을 나타내는 경우 : ~임에 틀림없다

You must be tired now. 너 지금 피곤 한 게 틀림없어.
It must be Jenny. 제니임에 틀림없어.

필요, 의무를 나타내는 경우의 must는 have to로 사용할 수 있으며, 특히 과거와 미래 그리고 다른 조동사와 함께 쓸 때에는 have to를 써야 합니다.
예) will have to

You must do your homework. 너는 숙제를 해야만 해.
◐ You have to do your homework.
We will have to leave this place at 5.
우리는 5시에 이 곳을 떠나야만 거야.

must not은 강한 금지를 나타내며, don't have to는 불필요를 나타냅니다.
You must not do that work. 너는 그 일을 해선 안 돼.
You don't have to do that work.
너는 그 일을 할 필요가 없어.

> A : 서둘러 직장에 가야해요.
> B : 왜 그렇게 서두르세요?
> A : 4시에 중요한 모임이 있어요.
> B : 조심하세요. 운전할 때 여전히 여유를 가지셔야해요.

should

shall의 과거형이나 그 자체로 당위, 후회를 나타내는 조동사로 사용합니다.

✽ 당위를 나타내는 경우 : ~해야 한다

You **should** obey the law. 법을 지켜야 한다.
I **should go** home now. 난 이제 집에 가야 해.

✽ 후회를 나타내는 경우 : ~했어야 했는데
should have p.p.(과거 완료)

I **should** have done that job. 그 일을 했어야 했는데.
You **should**'ve watched the game. 너는 그 경기를 봤어야 했는데.

might는 ~일지도 몰라라는 표현으로 가능성이 있을 때 또는 완곡한 표현으로 사용합니다.

I **might** go to the movies tonight. 난 오늘 밤 영화 보러 갈지도 몰라.
It **might** snow tonight. 오늘밤 비가 올 지도 몰라. (may보다 실현 가능성이 적음)
Might I use your computer?
네 컴퓨터를 빌려도 됩니까? (may보다 정중한 표현)

Power tip

must 조) 해야 하다
work 명) 직장
rush 명) 서두름, 급함
important 형) 중요한
meeting 명) 모임, 회의
still 부) 여전히

1 Practice one

| 너는 | 지금 가야
숙제를 해야
6시까지 그것을 끝내야 | 해. |

| You must | go now.
do your homework.
finish it by six. |

| 너는 | 큰 소리로 말해선
여기서 담배 피면
여기서는 길 건너면 | 안 돼. |

| You must not | speak loudly.
smoke here.
cross the street here. |

2 Practice two

비가 올지도 몰라.
(It might be raining.)

그는 거짓말쟁이일지도 몰라.
(He might be a lier.)

나는 한 시간 동안 운동해야해.
(I have to do exercise for an hour.)

너는 병원에 가야할 것 같아.
(I think you should go see a doctor.)

그건 데니임이 틀림없어
(It must be Denny.)

3 Attention!!

must는 '~해야 한다'라는 뜻으로 'have to'로 대신 사용할 수 있습니다. 그러나 부정에 있어서 'must not'과 'don't have to'는 그 사용이 전혀 같지 않으므로 주의해야 해야 합니다. 즉, must not은 해선 안 된다는 금지를 뜻하며 don't have to는 굳이 하지 않아도 된다는 뜻을 의미합니다.

used to

use to + 동사원형 : 과거의 습관

lesson 039

There used to be an Italian restaurant.

A : I used to go out for dinner with my friend every Tuesday evening after work.
B : Where did you use to go?
A : There used to be an Italian restaurant near our office. The food was very good.

used to는 과거엔 했었지만 지금은 안 하는 경우에 사용하는 표현으로 과거의 내용에만 사용하며 현재의 일에는 사용하지 않습니다. 그 뒤에는 동사원형을 사용하는 것에 주의합시다.

Susan used to have very long hair.
Susan은 머리가 길었다.(지금은 길지 않다)

I used to read a lot of books, but I don't read much these days.
전엔 책 많이 읽었어. 그러나 요즘은 별로 안 읽어.

I used to have a car. 난 차를 가지고 있었다.

My father used to jog along the beach.
나의 아빠는 해변가를 조깅하곤 했다.

● 부정문

never / didn't + used to + 동사원형

When I was a child, I never used to play the piano.
나 어렸을 땐, 피아노 치기 싫어했었어.

I didn't use to go to church. 나는 교회에 가지 않았었다.

● 의문문

(의문사) Did + 주어 + use to + 동사원형?

Where did you use to live before you came here?
너 여기 오기 전에 어디서 살았었니?

Did you use to eat much bread instead of rice?
너는 밥 대신 빵을 많이 먹었었니?

used to와 유사하지만 전혀 다른 표현들이 있으니 비교해서 살펴봅시다.

A : 난 일 끝나고 매주 화요일 저녁 친구랑 외식하곤 했어.

B : 어디로 갔었는데?

A : 우리 사무실 근처에 이태리 식당이 있었어.
음식이 아주 좋았어.

✱ used to 원형 : ~하는 것이 예사였다 / 늘 ~했다(과거의 습관)

I used to go to church before.   나는 전엔 늘 교회에 갔었다.
He used to drive his car.   그는 그의 차를 늘 운전했었다.

✱ be(get) used to 원형 : ~하는데 쓰인다 / 사용된다(수동의 의미)

Wood is used to make tables.   나무는 탁자를 만드는데 사용된다.
Milk is used to make cheese.   우유는 치즈를 만드는데 사용된다.

✱ be(get) used to 명사 : 원형 + ing : ~에 익숙해지다 / 익숙하다

I am used to skipping breakfast.
나는 아침 식사를 거르는 것에 익숙하다

> would도 유사하게 사용합니다.
> I would get up early.   일찍 일어났었어.
> They would play soccer.   그들은 축구를 하곤 했어.

Power tip

used to ~하곤 하다   go out for dinner 외식하다
Tuesday 명) 화요일   evening 명) 저녁
Italian 형) 이태리의   food 명) 음식

1 Practice one
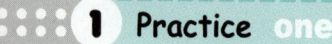

I used to	go to church.
	read many books.
	jog in the morning.
	go fishing very often.

나는	교회에 가곤	했었다.
	많은 책을 읽곤	
	아침에 조깅하곤	
	매우 자주 낚시하러 가곤	

2 Practice two

너 전에 차 있었니?
(Did you use to have a car?)

그녀가 그를 도왔었니?
(Did she use to help him?)

그녀는 전에 교회에 가지 않았었다.
(She didn't use to go to church.)

여기 큰 나무가 하나 있었다.
(There used to be a big tree here.)

여기 좋은 커피숍이 하나 있었다.
(There used to be a nice coffee shop.)

3 Q and A

Q Would you show me the way to City Hall? 이라는 문장이 있는데, 여기서 would는 어떤 의미를 나타내는 것인가요?

A 보통 부탁하거나 의뢰를 할 때 Will you~?라는 문장을 사용합니다. 그러나 would you~?는 '미안합니다만'의 의미가 포함되어 한층 더 정중한 표현입니다. 따라서 위의 문장은 아주 정중히 길을 묻는 표현이 되는 것입니다.

lesson 040

would like(to), would rather

would you like + 동사원형 : ~하고 싶다
would rather + 동사원형 : ~하는 것이 낫다

Would you like some coffee?

A : Excuse me. Would you like something to drink?

B : Yes, please.

A : Would you like some coffee?

B : No, I'd rather have tea, please. Thank you.

would

will의 과거형이나 그 자체의 용법을 가진 조동사로 사용합니다.

✲ **과거의 불규칙적인 습관** : ~하곤 했다

I **would** get up early. 일찍 일어났었어.

They **would** play soccer. 그들은 축구를 하곤 했어.

✲ **주어의 주장, 고집, 거절, 의지** : ~하려고 하다

She would not do her work. 그녀는 자기의 일을 하려고 하지 않는다.

He would not accept my advice.
그는 내 조언을 받아들이려고 하지 않는다.

✲ **정중하고 공손한 표현** : Will you~?보다 더 정중하고 완곡한 부탁의 표현

Would you lend me your car? 차를 빌려 주시겠습니까?

Would you tell me the time? 몇 시인지 말씀해 주시겠습니까?

Would you do me a favor? 부탁 좀 들어주시겠습니까?

자주 사용하는 관용적 표현으로 would like to + 동사원형과 would rather가 있습니다.

would like(= 'd like) to + 동사원형은 want(원하다) 보다 좀더 정중한 표현으로 ~하고 싶다라는 뜻입니다.

Im thirsty. **I'd like** a drink. 목이 말라요. 뭐 마시고 싶어요.

Would you like some coffee? 커피 좀 마실래요?

What would you like, tea or coffee? 차하고 커피 중 뭐 드시겠어요?

> A : 실례합니다. 마실 것 좀 드릴까요?
> B : 네, 주세요.
> A : 커피 드릴까요?
> B : 아니요, 차가 낫겠어요. 고맙습니다.

would rather(='d rather) + 동사원형은 (차라리) ~하는 게 낫다라는 뜻입니다.

I'd rather stay home. 난 차라리 집에 있는 게 좋겠어.
I'd rather not go out tonight. 난 오늘밤 안 나가는 게 좋겠어.(부정문)
I'd rather go out. 난 나가는 게 좋겠어.

would rather A than B는 B하느니 차라리 A하는 것이 낫다라는 뜻으로 사용합니다.

I would rather stay at home than go shopping.
나는 쇼핑하러 가느니 차라리 집에 머무는 게 낫다.

I like와 I'd like의 차이
I like oranges. 난 오렌지 좋아해요.(일반적)
I'd like an orange, please. 오렌지 좀 주세요.

Power tip

Would you like ~을 원하세요?
something 명) 어떤 것
drink 동) 마시다
coffee 명) 커피
rather 부) 다소, 차라리
tea 명) 차

183

1 Practice one

나는	거기에 가고	싶다.
	커피 한 잔 마시고	
	영화를 보러	
	너의 나라를 방문하고	
	애완동물을 기르고	

I'd like to	go there.
	have a cup of coffee.
	go to the movies.
	visit your country.
	keep a pet.

2 Practice two

캔디하나 드실래요?
(Would you like a piece of candy?)

저와 함께 저녁 드실래요?
(Would you like to have dinner with me?)

과학 잡지를 원해요.
(I'd like a science magazine.)

여기에 앉기를 원하세요?
(Would you like to sit here?)

이번 주말에 뭘 하고 싶으세요?
(What would you like to do this weekend?)

3 Q and A

Q want와 would like는 어떻게 다른가요?

A 뜻은 거의 비슷합니다만, would like가 좀 더 정중한 표현입니다. 손윗사람에게 사용한다면 want보다는 would like를 사용하는 것이 더 좋습니다. '나는 당신을 또 만나고 싶다'라는 말을 표현할 때 I want to see you again.보다는 I would like to see you again.으로 표현하면 됩니다.

현재완료 1

have + p.p (과거분사)

I have been teaching here since May.

A : How long have you been teaching English at this institute?
B : I have been teaching here since May.
A : Have you tried Kimchi yet?
B : Yes, I have eaten it several times. It's a little hot, but I like it.

● 현재완료

과거에 시작된 어떤 동작이 현재 시점을 기준으로 언급할 때 사용합니다. 즉, 과거에 했던 동작의 영상을 지금도 가지고 있는 것입니다.
그러나 과거시제는 현재와 관련 없이 단지 과거에 있었던 사건이나 행동을 단순히 언급할 뿐입니다.

형태 : have + p.p

새 차를 하나 구입했어.
I've bought a new car.
  ↳ 현재완료형 (그래서 지금 있다는 것)
I bought a new car.
  ↳ 과거형 (지금은 있는지 없는지 모름)

열쇠를 잃어 버렸어.
I've lost my key.
  ↳ 현재완료형 (그래서 지금 없다는 것)
I lost my key.
  ↳ 과거형 (과거에 잃어 버렸었다는 사실을 말함)

역사적 사실은 과거형으로
콜럼버스가 신대륙을 발견했다.
Columbus discovered a new continent. (O)
Columbus has discovered a new continent. (×)

현재완료형 have+p.p(과거분사)에서 과거분사형은 보통 과거형과 마찬가지로 -ed를 붙이지만 불규칙하게 변하는 경우도 있으니 뒤의 동사 변화표를 참조하시기 바랍니다.

A : 이 학원에서 얼마동안 가르치고 있습니까?

B : 5월부터 이곳에서 가르치고 있어요.

A : 김치 먹어봤어요?

B : 네, 여러 번이요. 좀 맵지만 좋아해요.

다음은 현재완료를 사용하는 경우를 살펴봅시다.

과거부터 지금까지의 경험

I have seen that man before. 나는 그 남자 전에 본 적 있어.
→ = I've

I've driven a car. 나는 자동차를 운전해 본적이 있다.

Have you ever played golf? 골프 쳐 본적 있니?
→ 흔히 경험에 사용

I've seen the movie once. 그 영화 한 번 본 적 있어.

once 한 번 / twice 두 번 / before 전에 / ever ~한 적이 있다와 함께 사용하여 ~한 적이 있다는 경험을 나타냅니다.

나는 일본에 가 본적 있다.
I have been to Japan. (O)
I have gone to Japan. (X)

과거부터 지금까지 계속된 일

He has taught English for 2 years.
그는 2년 동안 영어를 가르쳐 오고 있다.

I have worked with him since I came here.
내가 여기에 온 이후로 쭉 그와 함께 일하고 있다.

How long have you known her?
그녀를 안지 얼마나 됐니?

I've known her for a long time.
그녀를 안지 오래됐어.

How long…?으로 물을 때는 현재완료형을 사용하는 것을 주의합시다.

Power tip

how long 얼마나 오래
institute 명) 학원
since 전) ~이후로
try 동) 먹어보다
yet 부) 아직
several times 여러 번

1 Practice one

그는	작년부터 조깅해 7년 동안 그 회사에서 일해 학원에서 영어를 가르쳐 태권도를 배워 이 마을에서 살아	오고 있다.

He has	jogged since last year. worked for the company for 7 years. taught English in an institute. learned Taekwondo. lived in this village.

2 Practice two

나는	하와이를 가본 호주에 가본 이 영화를 세 번 본 에베레스트산에 오른 김치를 먹어본	적이 있다.

I have	been to Hawaii. been to Australia. seen this movie three times. climbed Mt. Everest. eaten Kimchi.

3 Attention!!

'나는 어제부터 계속 바쁘다.'라는 표현을 할 때 과거부터 현재까지 계속적인 것을 의미해 'I've been busy since yesterday.'라는 현재완료의 문장을 사용하면 됩니다. 그런데 형용사인 busy에는 서술어가 되기 위해 be동사가 필요한데 be동사의 과거분사형인 been을 잊어버리고 다음과 같이 사용하는 경우가 많습니다. 'I've busy since yesterday.' 이것은 틀린 문장입니다. been을 빼먹지 않도록 주의합시다.

현재완료 2

have + not + p.p
have been + ~ing

He has just finished school.

A : How's your cousin doing?
B : He's doing very well. He has just finished school.
A : What is he doing now?
B : He has just left for America.

부정문 : have(has) + not + p.p / have(has) + never + p.p

They haven't arrived yet. 그들은 아직 도착 안 했어.
I've never heard about such a mean word.
나는 그런 비열한 말을 들어본 적이 없어.

의문문 : Have(Has) + 주어 + p.p…?

Have you ever been to New York? 너 뉴욕에 가본 적 있니?
Where have you been in Seoul? 서울에 어디 가봤니?

현재완료진행형 : have been + ~ing

I've fixed my car. 난 내 차를 고쳤어.
　　↳ 그래서 내 차는 괜찮아
I've been fixing my car. 난 내 차를 계속 고치고 있어.
　　↳ 아직 덜 고쳐짐
Have you written the letter? 편지 다 썼니?
Have you been writing the letter? 계속 편지 쓰고 있는 중이니?

현재완료를 사용하는 또 다른 경우를 살펴봅시다.

과거에 시작된 일이 현재에 완료되어 있는 경우
just막 / already벌써 / yet아직과 함께 사용하여 완료된 사실을 표현합니다.

I've just finished my homework. 지금 막 숙제 끝냈어.
I've already turned it off. 이미 껐어.
I haven't mailed it yet. 아직 안 보냈어.

A : 네 조카는 잘 지내니?
B : 잘 지내고 있어. 그는 학교를 막 졸업했어.

A : 지금 뭐하고 지내?
B : 그는 미국으로 막 떠났어.

과거에 벌어진 사실이 현재에 영향을 미쳐 그 결과가 나타나는 경우

I've forgotten her name. 나는 그녀의 이름을 잊었다.(그래서 지금 기억할 수가 없다)
I've lost my umbrella. 나는 우산을 잃어 버렸다.(그래서 지금 없다)
Mark has gone to New York. 마크는 뉴욕에 갔다.(그래서 지금 없다)

잠깐 주의표현

have gone to
↪ 가서 지금 없다는 결과를 나타냄
have been to
↪ 가 본 적 있다는 경험을 나타냄
She has gone to New York.
그녀는 뉴욕에 가고 없다.
She has been to New York.
그녀는 뉴욕에 가본 적이 있다.

Power tip

cousin 명) 조카   well 부) 잘
just 부) 방금, 막   finish 동) 마치다
school 명) 학교   left 동) 떠나다의 과거분사

1 Practice one

난	내 차를 계속 고치고 있는	중이야.
	프랑스어를 공부하는	
	내 방을 청소하는	
	5시간째 그림 그리는	
	과일을 파는	

I've been	fixing my car.
	studying French.
	cleaning my room.
	painting a picture for 5 hours.
	selling fruits.

2 Practice two

내 동생은 핸드폰을 샀다.
(My brother has bought a cellular phone.)

우리 엄마는 막 부엌 청소를 끝냈다.
(My mother has just cleaned the kitchen.)

나는 막 편지를 부쳤다.
(I have already mailed it.)

우리 아빠는 아직 안 돌아 오셨다.
(My father has not come back yet.)

그는 뉴욕에 갔다.
(He has gone to New York.)

3 Q and A

Q '나는 이미 점심을 먹었습니다.' 라는 표현을 하고 싶을 때 I have finished lunch yet.이라고 하면 맞는 문장인가요?

A '이미', '벌써' 라는 뜻의 부사 already와 yet은 사용법과 의미가 혼동되기 쉬워 잘 못 사용하기가 쉽습니다. 의문문이나 부정문에서 사용할 때는 yet을 사용하며 '아직'이란 의미가 됩니다. 또 보통 평서문에서는 '벌써'란 의미로 already를 사용하여 위의 문장은 다음과 같이 사용하는 게 맞습니다. I have already finished lunch.

수동태 1

be + p.p(과거분사)

l·e·s·s·o·n 043

Three were taken to the hospital.

A : What happened?
B : There was an accident nearby.
A : Was anybody injured in the accident?
B : Yes, three were taken to the hospital.

● 능동태와 수동태

능동태 란

주어가 동작을 행하는 능동의 의미를 나타내는 문장입니다.

He fixed the bike. 그는 그 자전거를 수리했다.
He teaches us English. 그는 우리에게 영어를 가르친다.

수동태 란

주어의 동작을 받아 ~당하다 / ~하여지다 라는 피동의 의미를 나타낸 문장입니다. 행위의 대상이 중요하다고 생각되는 상황에서 주로 사용합니다.

The bike was fixed by him. 그 자전거는 그에 의해 수리가 됐다.
We are taught English by him. 그에 의해 영어가 가르쳐진다.

● 수동태의 형태

be동사 + p.p

America was discovered by Columbus.
미국은 콜럼버스에 의해 발견되었다.
A lot of people were killed in the war.
전쟁으로 많은 사람이 죽음을 당했다.
This building was built 100 years ago.
이 빌딩은 백 년 전에 지어졌어.
My car is fixed. 내 차가 고쳐졌어.

● 수동태의 부정형

be동사 + not + p.p

Tobacco is not sold in this store. 이 가게에서는 담배를 팔지 않는다.
Coffee is not served as a dessert here.
이곳에서는 디저트로 커피가 나오지 않는다.

A : 무슨 일이 있었니?
B : 근처에 사고가 있었어.
A : 그 사고에서 주가 다쳤니?
B : 응, 3명이 병원으로 실려 갔어.

평서문을 수동태 만드는 법

1. 능동태의 목적어를 주어로 사용하며 인칭대명사인 경우 주격을 사용하는 것을 잊지 맙시다.
2. 동사를 「be동사+과거분사」로 하되 이때 be동사는 시제, 인칭, 수에 맞게 사용합니다.
3. 능동태의 주어를 「by+목적격」으로 하여 행위자를 나타냅니다.

Everyone loves her. 모두가 그녀를 사랑한다.
She is loved by everyone. 그녀는 모두에 의해 사랑 받는다.

> by + 목적격의 행위자 표시는 꼭 필요한 경우에만 합니다. 즉, 행위자가 we / you / they / people / one 등 일반인 주어일 경우와 행위자가 불 특정인이거나 확실하지 않을 경우에는 일반적으로 생략합니다.

조동사가 있는 수동태 만드는 법

조동사(must / can / will 등) + be + p.p

너는 제시간에 숙제를 끝내야 한다.
You must finish your homework on time.
▶ Your homework **must be finished** on time.

부정문의 수동태 만드는 법

be동사 + not + 과거분사

그는 숙제를 끝내지 못했다.
He didn't finish his homework.
▶ His homework **was not finished** by him.

Power tip

happen 동) 일어나다
accident 명) 사고
nearby 부) 근처에
anybody 대) 누군가
injure 동) 다치게 하다
hospital 명) 병원

1 Practice one

그건	될	수 있다.
날씨가	곧 화창해 질	
그것은	실행될	
회의는	오늘 오후 열릴	
그 길은	곧 개통될 것이다.	

It	can be	done.
It		sunny soon.
It		practiced.
The meeting		held this afternoon.
The road		opened soon.

2 Practice two

방은 조지가 청소했다.
(The room is cleaned by Jorge.)

이 편지는 수잔이 썼다.
(This letter was written by Susan.)

이 노래는 보통 십대들이 부른다.
(This song is usually sung by teens.)

남아프리카에서 영어를 사용한다.
(English is spoken in South Africa.)

그는 모두에게 사랑 받는다.
(He is loved by everybody.)

3 Q and A

Q 조동사를 포함한 수동태 문장의 경우 부정문과 의문문을 어떻게 만들어야 하나요?

A 부정문의 경우에는 조동사 뒤에 not을 붙여 만듭니다. 의문문의 경우에는 조동사를 문장 앞에 두고 그 뒤에 주어 + be동사 + 과거분사를 붙여 만듭니다. '그것은 될 수가 없다'라는 표현은 It cannot be done.으로 그것은 될 수 없습니까?라는 표현은 Can it be done?로 표현합니다.

수동태 2

be + being + p.p
have + been + p.p

It has already been painted.

A : Are you repainting your house?
B : Yes, the walls are being painted now.
A : What about the front door?
B : It has already been painted.

수동태를 시제별로 살펴봅시다.

현재 수동태 - am / are / is + 과거분사

My car is fixed. 내 차가 고쳐졌다.
This book is written in English. 이 책은 영어로 쓰여졌다.

과거 수동태 - was / were + 과거분사

This building was built 100years ago. 이 건물은 백년 전에 지어졌다.
The boy was bitten by a dog. 그 소년은 개에게 물렸다.

미래 수동태 - will + be동사 + 과거분사

The building will be built next year. 그 건물은 내년에 지어질 것이다.
We will be invited to the party. 우리들은 파티에 초대될 것이다.

진행형 수동태 - be동사 + being + 과거분사

The building is being built. 그 건물은 건축 중이다.
My car is being repaired. 내 차가 수리 중이야.

완료형 수동태 - have / has / had + been + 과거분사

The building has been built. 그 건물이 완성되었다.
The problems have been solved. 그 문제들은 해결되었다.

여러 개의 단어로 이루어져 동사의 역할을 하는 동사구의 수동태를 살펴보겠습니다.

> A : 너희 집 다시 칠하고 있니?
> B : 응, 지금 벽에 페인트칠하고 있어.
> A : 정문은?
> B : 벌써 칠했어.

● 동사구의 수동태

동사 + 전치사 / 동사 + 명사 + 전치사의 동사구를 하나의 덩어리로 보고 빠뜨리지 않도록 주의합시다.

수리공을 부르러 보내야 한다.
You must send for a repairman.
↪ A repairman must be sent for.

그녀는 어머니를 보살핀다.
She looks after her mother.
↪ Her mother is looked after by her.

그녀는 내 아기를 잘 돌보아준다
She takes good care of my baby.
↪ My baby is taken good care of by her

한 차가 내 불쌍한 강아지를 치었다.
A car ran over my poor dog.
↪ My poor dog was run over.

> 이 외에도 자주 사용되는 동사구가 있습니다.
> carry out ~을 수행하다 / catch sight of ~을 보다 / turn on ~을 켜다 / turn off ~을 끄다 / put on ~을 켜다 / take off ~을 벗다 등

Power tip

repaint 동) 다시 페인트칠하다
house 명) 집   so 부) 그래서   wall 명) 벽
paint 동) 칠하다   front door 정문

1 Practice one

그 건물은	곧 지어질	것이다.
우리는	파티에 초대될	
그 가게는	9시에 열릴	
그 경기는	잠시후에 시작될	
너의 일은	잘 수행될	

The building	will be	built soon.
We		invited to the party.
The store		opened at 9.
The game		started after a while.
Your work		carried out properly.

2 Practice two

내 차는	수리	중이다.
내 방은	청소	
파티가	준비	
빌딩이	지어지는	

My car	is being	repaired.
My room		cleaned.
The party		prepared.
The building		built.

3 Attention!!

수동태문장을 사용할 때 동사의 형태가 'be동사 + 과거분사' 입니다. 이 때 과거분사를 사용한다고 해서 시제가 과거인 것이 아니며 현재, 과거, 미래 중 그 문장의 시제에 따라 be동사를 맞춰 사용해야 하는 것을 주의합시다. '나는 그에게 초대되었다.' 라는 문장은 'I was invited to the party by him.' 에서 이미 초대된 과거의 일이라 be동사가 과거형 was가 되어야하는 것입니다.

분사

현재분사 : 동사원형 + ing
과거분사 : 동사원형 + ed

I have a broken leg.

A : I heard you were in an accident. Are you okay?
B : I have a broken leg and a few broken ribs.
A : Anything else?
B : I also have a very stiff neck.

분사에는 현재분사와 과거분사가 있으며, 둘 다 명사를 꾸며주는 형용사역할을 합니다.

● 현재분사

동사원형 + ing : ~하는 / ~하고 있는
스스로 행동하는 능동적인 의미와 진행의 의미를 나타냅니다.

That **swimming** girl is my sister. 저 수영하고 있는 여자 애가 내 동생이야.
　　　　수식

There's a **running** river near my house.
　　　　　수식

우리 집 근처에 흐르는 강이 있다.

● 과거분사

동사원형 + ed : ~된 / ~해진
수동의 의미이며, 이미 끝난 동작을 나타냅니다.

Look at the **broken** window. 저 깨진 창을 봐.
　　　　　수식

I bought a **hand-made** coat. 손으로 만든 코트를 하나 샀다.
　　　　　　수식

Power tip

broken 형) 부러진
leg 명) 다리
rib 명) 늑골
else 형) 그 밖의
stiff 형) 뻣뻣한
neck 명) 목

현재분사 a sleeping baby는
↳ a baby who is sleeping 잠자고 있는 아기
과거분사 fallen leaves는
↳ leaves which have fallen 떨어진 잎

A : 너한테 사고가 있었다고 들었어. 괜찮니?
B : 다리가 부러지고 갈비뼈가 몇 개 부러졌어.
A : 그 외에도 다친 데 있니?
B : 목도 매우 뻣뻣해.

● 명사의 앞에 위치

관사(a, an, the) + 현재분사 / 과거분사 + 명사

Look at the broken window. 저 깨진 창을 봐.
　　　　　　　　수식

That swimming girl is my sister. 저 수영하고 있는 여자 애가 내 동생이야.
　　　　수식

● 명사의 뒤에 위치

명사 + 현재분사 / 과거분사 구

I have a radio made in Korea. 나는 한국에서 만든 라디오가 있어.
　　　　　　수식

The man running over there is my father.
　　　　　수식
저 쪽에 달리고 있는 사람이 우리 아빠야.

여기서 made는 in Korea라는 식구를 데려왔고, running은 over there라는 자기의 식구를 데려와서 길어졌기 때문에 수식을 받는 명사 뒤에 놓인 것이랍니다.

현재분사와 동명사의 구분
둘 다 동사원형에 ing를 붙여 만듭니다.
그러나 쓰임에 따라 현재분사 또는 동명사로 사용하는 것입니다.
Look at that sleeping baby. 저 자고 있는 아기를 보세요.
　　　　　　→ 현재분사로 ~하고 있는의 의미
Sleeping bags are needed in the war. 전쟁시에는 침낭이 필요해요.
→ 동명사로 용도를 표현
침낭은 잠자는 용도의 가방이죠.
용도를 말할 땐 동명사로 사용된 것이랍니다.

203

1 Practice one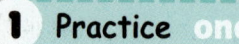

He smiles (when)	sitting here.
	looking at me.
	waiting for his friend.
	listening to music.
	washing dishes.

그는	여기에 앉아	미소짓고 있다.
	나를 보며	
	친구를 기다리며	
	음악을 들으며	
	설거지하며	

2 Practice two

저 울고 있는 아이는 누구인가?
(Who is that crying child?)

버스를 운전하고 있는 저 남자는 마이크다.
(The man driving the bus is Mike.)

우리는 파티를 준비 중이다.
(We are preparing the party.)

미쉘과 얘기하고 있는 저 여자를 아니?
(Do you know the woman talking with Michelle?)

끓는 물을 조심해!
(Watch out for the boiling water!)

3 Q and A

Q The soccer game was very interesting.이란 문장에서 interesting은 현재분사인가요? 형용사인가요?

A interesting은 interest(흥미롭게 하다)라는 동사에 ing가 붙은 형태입니다. 그래서 '남을 흥미롭게 하는' 이란 뜻의 현재분사로 시작이 되었을지 모르나 지금은 완전히 형용사로 정착이 되어 사용한답니다. 그 외에 charming, amusing 등의 단어도 또 다른 예입니다.

동명사

동사원형 + ing
주어 / 목적어 / 보어

Getting up early is good for health.

A : Look at my father running over there.
B : Wow! He looks like he's in great shape.
A : Yes. He always enjoys doing exercise.
　　He gets up every morning at 5 and believes getting up early is good for health.

● 동명사

동사원형 + ing

간단히 동사원형에 ing를 붙여 명사의 자격을 주는 것입니다. 주어 / 목적어 / 보어 자리엔 반드시 명사모습을 하고 있어야 자격이 주어집니다. 동명사는 동사의 성질과 명사의 성질을 둘 다 가지고 있으며, ~하는 것 / ~하기의 뜻으로 표현합니다.

동사의 성질 그 자체로 보어, 목적어, 수식어를 취할 수 있습니다.

My hobby is painting pictures.　내 취미는 그림 그리는 것이다.
　　　　　　　　↳ painting의 목적어
He is proud of being a teacher.　그는 선생님이 된 것을 자랑스러워한다.
　　　　　　　　↳ being의 보어
She is busy cooking in the kitchen.　그녀는 부엌에서 요리하느라 바쁘다.
　　　　　　　　↳ cooking의 수식어

주어 역할

Learning English is interesting.　영어를 배우는 것은 재밌어.
Seeing is believing.　보는 것이 믿는 것이다.

목적어 역할

I like playing soccer.　나는 축구하는 것을 좋아한다.
　　　　　↳ 동사 playing의 목적어
Thank you for helping me.　나를 도와준 것에 대해 고맙습니다.
　　　　　↳ 전치사 for의 목적어

보어 역할

My hobby is collecting stamps.　내 취미는 우표 모으는 것이다.
My work is repairing cars.　내 일은 차를 수리하는 것이다.

A : 저기서 달리고 있는 우리 아빠 좀 봐.
B : 와! 정말 건강해 보이신다.
A : 그래. 늘 운동을 즐겨 해오셨어.
매일 아침 5시에 일어나셔. 일찍 일어나는 것이 건강에 좋다고 생각하시지.

● 동명사의 부정

not / never / no 등의 부정어를 앞에 붙여 사용합니다.

I'm sorry for **not being** here earlier. 좀 더 일찍 오지 못해 죄송합니다.
He regrets **not telling** her about that.
그는 그것에 대해 그녀에게 말하지 않은 것을 후회한다.

동명사는 수동형 : being + 과거분사

I object to **being treated** like a child. 나는 어린애처럼 취급받는 것이 싫다.

● 동명사의 관용적인 표현

✱ go ~ing : ~하러 가다
She went shopping with her friend. 그녀는 친구와 쇼핑하러 갔다.

✱ feel like ~ing : ~하고 싶다
I don't feel like eating right now. 지금은 먹고 싶지 않아.

✱ How about ~ing : ~하는 게 어때?
How about going out for dinner? 외식하는 게 어때?

✱ be busy ~ing : ~하느라 바쁘다
He is busy washing his car. 그는 세차하느라 바쁘다.

✱ be good at ~ing : ~을 잘한다, ~에 능숙하다
He is good at playing soccer. 그는 축구를 잘한다.

> **Power tip**
>
> shape 명) 모양　　exercise 동) 운동하다
> enjoy 동) 즐기다　　get up 일어나다
> believe 동) 믿다　　health 명) 건강

1 Practice one

| 나는 | 축구하는 것을
컴퓨터 게임 하는 것을
밤낚시하는 것
우표수집 하는 것
불고기요리하는 것 | 즐긴다. |

| I enjoy | playing soccer.
playing computer games.
fishing at night.
collecting stamps.
cooking Bulgogi. |

2 Practice two

나는 만화 읽는 것을 좋아한다.
(I like reading comic books.)

텔레비전을 보는 것은 유용하다.
(Watching TV is useful.)

비가 멈췄니?
(Has it stopped raining?)

나의 아빠는 늦는 것을 싫어하신다.
(My father hates being late.)

수잔은 스케이트 타러 가는 것을 제안했다.
(Susan suggested going skating.)

3 Attention!!

목적어에는 두 가지가 있습니다. '무엇을'에 해당하는 동사의 목적어뿐만 아니라 전치사 뒤에 오는 명사도 목적어로 분류하며, 이를 전치사 목적어 라고 합니다. 그래서 전치사 뒤에 인칭대명사를 사용할 경우엔 반드시 인칭대명사의 목적격을 사용해야 하는 것을 주의합시다.

to 부정사

to + 동사원형

l·e·s·s·o·n 047

He wants to drive his car by himself.

A : Mom, where is dad?
B : Your father is learning how to drive.
　　He wants to drive his car by himself.

● to 부정사란

to + 동사원형으로 명사, 형용사, 부사의 역할을 합니다.
to 부정사는 영어에서 매우 광범위하게 사용되므로 열심히 학습해서 다양하게 활용하시길 바랍니다.

● to 부정사의 역할

명사역할

~하는 것, ~하기로 표현하며 문장 속에서 주어 목적어 보어 역할을 합니다.
　　　　　　　　　　　　　　　　↳ 은/는 ↳ 을/를 ↳ ~이다

1 주어

To learn English is not easy.　영어를 배운다는 것은 쉽지 않다.
to 부정사를 주어로 사용할 때는 it(가주어)를 대신 놓고 진짜 주어인 to부정사를 뒤에 놓는 경우가 많습니다.

To learn English is not easy.
▶ It is not easy to learn English.

2 목적어

I want to drink water.　나는 물마시기를 원한다.
The manager wants to see you.　매니저가 널 보기를 원해.

3 보어

My hope is to be a doctor.　나의 희망은 의사가 되는 것이다.
The most important thing is to have an interest in that.
가장 중요한 할 일은 그것에 대해 관심을 갖는 것이다.

● 형용사역할

~하는 / ~할이란 표현으로 앞에 있는 명사를 뒤에서 수식할 때 사용합니다.

A : 엄마, 아빠 어디 계셔요?
B : 아빠는 운전 배우고 계셔.
　　아빠 차를 직접 몰고 싶어 하신단다.

I have many books to read. 나는 읽을 많은 책을 가지고 있다.
　　　　　　　　수식
I have some work to do. 할 일이 좀 있어.
　　　　　　　수식

● 부사역할

앞의 동사, 형용사, 부사를 뒤에서 수식합니다.

~하기 위해　He came to see you. 그가 너를 보기 위해 왔다.
　　　　　　　　　수식

~하니, ~해서　I am glad to see you. 너를 보니 기쁘다.
　　　　　　　　　　수식

~ 하기에　This problem is easy to solve. 이 문제는 풀기에 쉽다.
　　　　　　　　　　　　수식

It is too cold to go out. 날씨가 나가기에 너무 춥다.
　　　　수식

He is old enough to go abroad alone. 그는 혼자 외국에 가기에 충분한 나이다.
　　　　　　　수식

to 부정사의 부정은 앞에 not을 붙이면 됩니다.
He told me **not to close** the door. 그는 나에게 그 문을 닫지 말라고 했다.

의문사 + to 부정사의 용법

She doesn't know **how to operate** the machine.
그녀는 그 기계 작동 법을 몰라.

Ask him **when to start.**
언제 시작해야할지 그에게 물어봐.

그 외에도 **what to do** 무엇을 해야 할지 /
when to do 언제 해야 할지 등이 있습니다.

Power tip

dad 명) 아빠
learn 동) 배우다
how to ~하는 방법
drive 동) 운전하다
want 동) 원하다
himself 대) 그 자신 직접

211

1 Practice one

내 희망은	프랑스로 여행하는 새 차를 갖는 결혼을 하는 가수가 되는 시험에 합격하는	것이다.	My hope is to	take a trip to France. get a new car. get married. be a singer. pass the exam.

2 Practice two

시청에 어떻게 가는지   아니?
스파게티 만드는 방법을
뭐해야 할지
어디로 가야할지
이것과 저것 중 무엇을 선택해야 할지

Do you know	how to get to City Hall? how to cook spaghetti? what to do? where to go? which to choose, this or that?

3 Q and A

Q I want to go to the party. 라는 문장과 I want you to go to the party.라는 문장은 어떤 차이가 있나요?

A 동사 want 뒤에 목적어 you가 있는 것과 없는 것에는 의미상의 차이가 있습니다. I want to go to the party.의 문장에서는 내가 파티에 가기를 내가 원하는 것이고, I want you to go to the party.의 문장에서는 네가 파티에 가는 것을 내가 원하는 것입니다.

to 부정사 / 동명사

enjoy traveling
decide to travel

lesson 048

I need some milk.

A : Where are you going?
B : I'm going to a store **to buy** some milk.
A : Do you drink milk a lot?
B : Yes, everyday. I love milk.

목적어로 to부정사를 취하는 동사와 동명사만 취하는 동사, 또는 둘 다를 취할 수 있는 동사들이 있답니다. 각자의 취향이 있으니 알아봅시다.

● **to부정사를 목적어로 취하는 동사**

She **agreed to leave** at once. 그녀는 즉시 떠나는데 동의했다.
We all **hope to be** happy. 우리 모두는 행복해지기를 바란다.
I didn't **mean to upset** you.
당신의 기분을 상하게 하려고 했던 것은 아닙니다.
I have **decided to sell** my car. 난 내 차를 팔기로 결심했어.

그 외에도 **want**원하다 / **expect**기대하다 / **plan**계획하다 / **need**필요로 하다 / **promise**약속하다 / **offer**제공하다 / **refuse**거절하다 / **learn**배우다 / **desire**바라다 등이 있습니다.

● **동명사를 목적어로 취하는 동사**

I have just **finished doing** my homework. 숙제 막 끝냈어.
He doesn't **mind being** late. 그는 늦는 거 신경 안 써.
He **enjoys playing** soccer. 그는 축구하는 것을 즐긴다.
She **suggested joining** the party. 그녀는 그 파티에 참가할 것을 암시했다.

그 외에도 **give up**포기하다 / **avoid**피하다 / **admit**인정하다 / **put off**연기하다 등이 있습니다.

● **동명사와 부정사 둘 다 목적어로 취하는 동사**

그들은 기차여행을 선호해.
They **prefer travelling** by train.
◎ They **prefer to travel** by train.

> A : 너 어디 가니?
> B : 우유 좀 사러 가게에 가.
> A : 너 우유 많이 마시니?
> B : 응, 매일. 난 우유가 좋아.

난 늦는 게 싫어.
I hate being late.
◉ I hate to be late.

그 외에도 **like**좋아하다 / **love**사랑하다 / **begin**시작하다 / **start**출발하다 / **continue**계속하다 등이 있습니다.

to부정사나 동명사를 모두 목적어로 취할 수 있으나 의미가 달라지는 경우가 있습니다.

✻ **stop + to부정사** : ~하기 위해 멈추다
He stopped to smoke. 그는 담배를 피우기 위하여 멈추어 섰다.

✻ **stop + 동명사** : ~을 멈추다
He stopped smoking. 그는 담배 피우는 것을 그만 두었다.

✻ **remember + to부정사** : ~해야 할 것을 기억하다
She remembered to mail the letter.
그녀는 편지를 우송해야 한다는 것을 기억했다.

✻ **remember + 동명사** : (이전에)~한 것을 기억하다
She remembered mailing the letter.
그녀는 편지를 우송했다는 것을 기억했다.

✻ **forget + to부정사** : ~해야 하는 것을 잊다
You forgot to turn off the light.
너 불 끄는 거 잊어버렸지.

✻ **forget + 동명사** : (이전에) ~한 것을 잊다
You forgot about turning off the light.
너 불 끈 거 잊어버렸지.

Power tip
store 명) 가게
buy 동) 사다
some 형) 얼마간의
drink 동) 마시다
a lot 많이
everyday 부) 매일

1. Practice one

나는	춤추고 영어를 잘 말하고 음악가가 되고	싶다.	I want to	dance. be good at speaking English. be a musician.

나는 네가	춤추기를 영어를 잘 말하길 음악가가 되기를	원한다.

I want you to	dance. be good at speaking English. be a musician.

2. Practice two

나는 요가 배우는 것을	즐긴다. 끝냈다. 꺼린다. 포기한다.

I	enjoy finished mind give up	learning Yoga.

3. Attention!!

'비가 오기 시작한다.' 라는 표현 'It began raining.' 은 It began to rain. 처럼 동사의 목적어를 부정사로 사용해도 동명사를 사용할 때와 다름이 없습니다. 그러나 동명사나 to부정사가 목적어가 될 수 있을지 어떨지는 동사에 의해 정해지므로 그 동사의 취향을 잘 알아 사용해야 합니다. 예를 들어 '그는 수영하는 것을 즐긴다.' 라는 문장을 표현할 때 He enjoys swimming.라고 해야 합니다. enjoy의 취향은 동명사이거든요!!

전치사 1

for / before / after / during / while

I talk with my family while watching TV.

A : What time do you get home after work?
B : It's about 7 p.m. when I get home.
A : What do you usually do after getting home?
B : I usually talk with my family while watching TV.

● 전치사란

명사종류(명사 / 대명사 / 동명사)앞에 붙어 한 개의 의미를 가지는 구를 만듭니다. 전치사는 반드시 목적격 명사 앞에 위치하며, 전치사는 뒤에 오는 목적격 명사와 함께 전치사구를 이룹니다.

우선 가장 많이 쓰이는 전치사중에 for를 살펴보겠습니다.

1 어디를 향해서
We'll be setting off for France. 우리는 프랑스로 출발할 것이다.

2 누구에게
There's a phone message for you. 당신에게 전화 메시지가 있습니다.

3 목적
What should we do for the problem?
그 문제를 위해 우리는 어떻게 해야 할까요?

4 원인
I'm sorry for being late. 늦어서 미안합니다.

5 시간, 거리
We walked for two hours. 우리는 2시간동안 걸었다.

6 대상
It is a difficult problem for a child.
그것은 어린아이에게 어려운 문제이다.

7 찬성
I am all for it. 나는 절대 찬성이다.

> A : 일 끝나면 몇 시에 집에 도착하세요?
> B : 집에 도착하면 오후 7시쯤.
> A : 집에 도착한 후에 보통 뭐하세요?
> B : 보통 텔레비전 보면서 가족과 얘기해요.

before ~전에 / after ~후에

I had lunch before movie. 영화 보기 전에 점심 먹었어.
Turn off the light before you go out. 나가기 전에 불 꺼.

before / after 다음에 절(주어 + 동사)을 사용할 수 있습니다.
Let's have dinner after the movie. 영화 본 후 저녁 먹자.
I played tennis after I read the book. 책 읽은 후 테니스 쳤어.
                    └→ 절

during ~동안에 / while ~동안에

The baby fell asleep during dinner. 저녁 먹는 동안 아이는 잠들었어.
We don't speak while we are eating. 우린 밥 먹는 동안 말 안 해.
                    └→ 절

~동안이라는 표현에는 3종류의 전치사를 사용하며 각각 그 쓰임이 다릅니다.
보통 during은 ☞ 기간
     for는 ☞ 수
     while은 ☞ 절(주어+동사)을 각각 목적어로 합니다.
We stayed in Busan during summer vacation.
우린 여름 방학동안 부산에 있었다.
I studied English for an hour. 한 시간 동안 영어 공부했어.
I saw him while I was walking along the river.
나는 강을 따라 걷다가 그를 봤어.

Power tip
get home 집에 도착하다
work 명) 일
p.m. 오후
usually 부) 보통, 대개
talk 동) 이야기하다
while 접) ~하는 동안

1 Practice one

나는 샤워	후 전 동안	텔레비전을 본다.

I watch TV	after before while	I take a shower. (= I'm taking a shower.)

그는	30분 동안 내가 수업하는 동안 그날밤 내내	나를 기다리고 있었다.

He was waiting for me	for half an hour. while I was giving my lesson. during that night.

2 Practice two

늦어서 네 펜을 잃어버려서 주문을 잊어서 시험을 망쳐서 거짓말해서	미안합니다.	I'm sorry for	being late. losing your pen. forgetting your order. failing the exam. telling a lie.

3 Q and A

Q on Saturday, in the afternoon 등은 시간을 나타내는 부사구라고 배웠는데, last Saturday 나 this afternoon 등은 전치사가 붙지 않아도 가능한가요?

A 원칙적으로 구는 '전치사 + 명사 / 대명사'의 형태로 명사, 대명사, 형용사, 부사의 역할을 합니다. 그러나 실제로는 전치사를 생략한 부사구가 많이 사용되며 morning, week, month 등의 시간을 나타내는 말에는 전치사가 생략되어 일상적으로 사용이 됩니다.

전치사 2

장소의 전치사
in / at / on / to

lesson 050

There's some fruit in the kitchen.

A : There's some fruit in the kitchen.
B : I think I'll have some.
A : It's on the counter next to the cake.
B : Oh, I see. Thank you.

다음의 전치사들은 모두 장소에 붙이는 전치사입니다.
다음의 문장들을 통해 각각의 쓰임을 주의 깊게 살펴보세요.

in ~안에   at ~지점에
on ~위에   to 방향

He went for a swim in a pool. 그는 풀장에 수영하러 갔다.
You should stop at the traffic light. 신호등에서 멈춰야 해.
There are some pictures on the shelf.
선반 위에 몇 개의 그림이 있다. → 어떤 물건의 표면에 붙어 있는 상태
This bus is going to the airport. 이 버스는 공항으로 간다.

그럼, 전치사 in과 함께 일상적으로 사용하는 표현들을 함께 봅시다.

He is in the hospital now. 그는 지금 입원중이다.
Birds are flying away in the sky. 새들이 하늘에서 날아가고 있다.
I read the story in a newspaper. 나는 신문에서 그 이야기를 읽었다.
She is ill in bed. 그녀는 아파 누워 있다.
You look sad in this picture. 사진에서 너는 슬퍼 보여.

그 외에도 in a car 차를 타고 / be in prison, be in jail 감옥살이하다 등이 있습니다.

전치사 at과 함께 일상적으로 사용하는 표현들을 함께 살펴봅시다.

I was at work at that time. 그 시간에 난 직장에 있었어.
We mail letters at the post office. 우리는 우체국에서 편지를 보낸다.
We won at the basketball game last week.
우리는 지난 주 농구경기에서 이겼다.

A : 부엌에 과일이 좀 있어.
B : 좀 먹어야겠다.
A : 케이크 옆 카운터 위에 있어.
B : 알았어. 고마워.

Her children are **at school.** 그녀의 아이들은 학교에 있다.

그 외에도 **at the airport**공항에 / **at the station**역에 / **at the hairdresser's**미용실에 / **at a store**가게에 / **at a concert**음악회에 / **at a party**파티에서 등이 있습니다.

전치사 **on**과 함께 일상적으로 사용하는 표현들을 살펴봅시다.
Did you come here **on the bus?** 너 여기 버스 타고 왔니?
His office is **on the first floor.** 그의 사무실은 일층에 있다.
I picked him up **on the way home.** 집으로 오는 길에 그를 데려왔다.

그 외에도 **on a plane**비행기를 타고 / **on a train**기차를 타고 / **on a street**거리에서 등이 있습니다.

go home, come home, get home은 전치사 없이 home만 사용합니다.
How long does it take to get home? 집에 가는 데 얼마나 걸리지?
be (at)home, stay (at)home은 전치사 at을 함께 사용해도 되고 안 해도 됩니다.
Stay at home until he comes. 그가 올 때까지 집에 있어라.

Power tip

fruit 명) 과일   in 전) ~안에
kitchen 명) 부엌   on 전) ~위에
next to 전) ~옆에   cake 명) 케이크

1 Practice one

나의 학교는	서울에	있다.
	언덕에	
	역 근처에	
	모퉁이에	
	하얀 빌딩 옆에	

My school is	in Seoul.
	on the hill.
	near the station.
	at the corner.
	next to a white building.

2 Practice two

그는	그 때 공항에	있었다.
	역에	
	슈퍼마켓에	
	미용실에	
	음악회에	
	파티에	

He was	at the airport at that time.
	at the station
	at the supermarket
	at the hairdresser's
	at a concert
	at a party

3 Attention!!

시간을 나타낼 때는 전치사 at, 요일이나 특정일을 나타낼 때는 on, 달이나 년, 계절을 나타낼 때는 in을 사용합니다. 그러나 숙어로 사용할 때는 구분 없이 통째로 암기하여 사용합시다. 예를 들면 in the morning, at noon, on Saturday night 등이 있습니다.

전치사 3

next to, under ···

What's that picture on the shelf?

A : What's that picture on the shelf?
B : It's a picture of the place I once visited.
A : What a beautiful picture!
B : Yes, I like the picture with the lake next to the mountain very much.

그림과 함께 다음 문장에서 전치사의 쓰임을 잘 익혀 봅시다.

Jenny is sitting next to Susan.   제니는 수잔 옆에 앉아 있다.
Max is sitting in front of them.   맥스는 그들 앞에 앉아 있다.

There is a drugstore across from the bank.
약국은 은행 맞은편에 있다.
There is a drugstore between the school and the bakery.
약국은 학교와 빵집 사이에 있다.
There is a pay phone by the drugstore.
공중전화가 약국 옆에 있다.

A : 선반 위에 저 사진은 뭐예요?
B : 내가 일전에 방문했던 곳 사진이에요.
A : 멋진 사진이에요!
B : 네, 산 옆에 호수도 있고 나도 참 많이 좋아해요.

He is taking a rest **under** a tree. 그는 나무 아래서 쉬고 있다.

There is a picture **above** the shelves. 그림이 선반보다 위에 있다.
The shelves are **below** the picture. 선반이 그림보다 밑에 있다.

Power tip

picture 명) 그림, 사진
shelf 명) 선반
place 명) 장소
once 부) 한 번
visit 동) 방문하다
lake 명) 호수

1 Practice one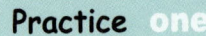

공은	선반 위에 창문 가에 상자 안에 탁자 아래에 바구니 옆에	있다.	The ball is	on the shelf. by the window. in the box. under the table. next to the basket.

2 Practice two

큰 나무가 우리 집	앞에 뒤에 맞은 편에 옆에 근처에	서 있다.

A big tree stands	in front of behind across from by near	my house.

3 Q and A

Q 'under'와 'down'은 둘 다 '아래'의 뜻이던데 어떤 차이가 있나요?

A 'under'와 'down'은 모두 아래를 뜻하지만 'under'는 공간적인 개념으로 '~의 아래에'라는 뜻이고, 'down'은 '위에서 아래로'라는 뜻입니다. under의 반대 표현으로는 over, down의 반대 표현으로는 up을 사용하면 됩니다.

전치사 4

from ~ to
out of

I will be staying here from Monday to Friday.

A : How may I help you, sir?
B : I'd like to make a reservation for next Monday?
A : How long will you be staying?
B : I'll be staying from Monday to Friday.

다음의 문장에서 전치사의 쓰임을 익혀 활용해 봅시다.

`from A to B` A부터 B까지

We walked from our home to the mountain.
우리는 우리 집에서 산까지 걸었다.

`into` – 안으로 / 속으로

He jumped into the water. 그는 물 속으로 뛰어 들었다.

`out of A` – A로부터 / A에서

He came out of the hotel. 그는 호텔에서 나왔다.
I took a book out of my bag. 가방에서 책을 꺼냈다.

`put A on B` – A를 B에 올려놓다

A boy put his feet on the box. 한 소년이 박스 위에 발을 올려놓았다.

`take A off B` – A를 B에서 떼어놓다(분리)

The boy took his feet off the box. 그 소년이 박스에서 발을 내려놓았다.

`down` – 아래로

The ball is rolling down the stairs. 공이 층계 아래로 굴러가고 있다.

`along A` – A를 따라 쭉

I went for a walk along the lake. 나는 호수를 따라 산책했다.

`past A` – A를 지나 / `around A` – A를 돌아

The bus went through the village, past the hospital, and around the downtown.
버스는 마을을 지나고 병원을 지나 시내를 돌아갔다.

A : 어떻게 도와드릴까요?
B : 다음주 월요일 예약 좀 하려 구요.
A : 얼마동안 머무르실 건가요?
B : 월요일부터 금요일까지 머무를 겁니다.

전치사 on 과 함께 사용하는 표현들을 익혀봅시다.

I spoke to Susan on the phone yesterday.
수잔과 어제 전화 통화했어.
She is on vacation now. 그녀는 지금 휴가 중이다.
He came here on time yesterday. 그는 어제 제시간에 이곳에 왔다.

그 외에도 on television TV에서 / on the radio 라디오에서 / on time 정시에 등이 있습니다.

교통수단 에 대한 다음의 표현들이 있습니다.

by car 차로 / by bus 버스로 / by bicycle, bike 자전거로 / by boat 배로
by plane, air 비행기로 / by train 기차로 / on foot 걸어서

전치사 at 은 속도, 온도, 나이 에 사용합니다.

I got married at the age of 25. 나는 25살에 결혼했어요.
This car runs at 75miles an hour. 이 차는 시간당 75마일을 달립니다.
Water boils at 100 degrees Celsius. 물은 섭씨 100도에서 끓는다.

with A – A가 있는 / without A – A가 없는

I can't live without milk. 난 우유 없이 못살아.
I like that house with a backyard. 뒷마당이 있는 저 집이 맘에 들어.

> **Power tip**
>
> help 동) 돕다
> sir 명) 선생님, ~씨
> make a reservation 예약하다
> next Monday 다음 월요일
> How long 얼마나 오래
> stay 동) 머물다

231

1 Practice one

나는 직장에	매일 버스로 기차로 지하철로 내 차로 걸어서	간다.

I go to work	by bus every day. by train by subway by my car. on foot.

2 Practice two

나는 엄마랑 쇼핑하는 것을 좋아한다.
(I like going shopping with my mother.)

나는 세계 지도를 가지고 여행했다.
(I traveled with a world map.)

나는 내 그림을 수채물감으로 그렸다.
(I painted my picture with water colors.)

나는 엄마 없이 쇼핑하는 것을 좋아한다.
(I like going shopping without my mother.)

나는 세계 지도 없이 여행했다.
(I traveled without a world map.)

3 Attention!!

전치사 from과 since의 차이

from~	~부터	무언가가 일어나는 기점을 나타낸다.
since~	~부터	과거에서 현재까지 이어지는 것을 나타낸다.

형용사 + 전치사 / 전치사 + ~ing / 동사 + 전치사

lesson 053

be afraid of : ~을 두려워하다
wait for : ~을 기다리다

I'm so proud of you.

A : Congratulations!
B : Thanks to you, I won the gold medal.
A : I'm so proud of you. You did it.
B : Look at this. I'm so happy.

이번에는 형용사와 늘 함께 사용하는 전치사를 살펴봅시다.

Are you afraid of dogs? 너 개를 무서워 하니?
Are you mad at me? 너 나한테 화났니?
Are you good at English? 너는 영어를 잘하니?
I'm interested in music. 난 음악에 관심 있어.
The bus was full of people. 버스는 사람으로 꽉 차있었어.
I am bad at sports. 난 스포츠를 못해.
This is different from those things. 이건 그것들과는 달라.

동명사(~ing)와 함께 사용하는 경우를 보겠습니다.
to부정사와 함께 사용할 수 없는 것을 주의하시기 바랍니다.

날 도와줘서 고마워.
◎ Thank you for helping me. (O)
◎ Thank you for to help me. (X)

새 직장 찾는 것을 고려중이야.
◎ I am thinking of finding a new job. (O)
◎ I am thinking of to find a new job. (X)

Are you tired of doing that work? 넌 그 일이 지겹니?
I am good at swimming. 난 수영 잘해.

다음은 일정한 동사의 뒤를 늘 따라다니는 동사와 전치사랍니다.
I'm listening to music. 난 음악을 듣고 있어.
Listen to me carefully. 내 말을 잘 들으라구!

A : 축하해!
B : 당신 덕분에 금메달 땄어요.
A : 난 네가 너무 자랑스러워. 네가 해냈어.
B : 이것 봐요. 난 너무 행복해요.

Why are you looking at the man like that?
왜 저 사람을 그렇게 쳐다보니?
Look at me please. 날 보세요.

Did you talk to your teacher about it?
선생님한테 그것에 대해 말씀드렸니?
I'll talk to you soon. 곧 통화하자.

I'm waiting for you. 난 널 기다리는 중이야.
Don't wait for me in case I'm late. 내가 늦을 경우 기다리지 마라.

It depends on you. 그건 너한테 달려있어.
It depends on what you're doing. 그건 네가 뭘 하느냐에 달려있어.

Can I speak to Mina? 미나와 통화할 수 있을까요?
She always takes care of children. 그녀는 늘 아이들을 돌봐준다.
I'll write to you soon. 너한테 곧 편지 쓸게.

> **Power tip**
>
> Congratulations 명) 축하
> thank 동) 감사하다
> won 동) 이겼다
> gold medal 금메달
> be proud of 을 자랑스러워하다
> happy 형) 행복한

1 Practice one

나는	고양이가 공포 영화가 유령이 뱀이 죽는 것이	두렵다.

I'm afraid of	cats. horror movies. ghosts. snakes. dying.

2 Practice two

그녀는	영어를 머리를 요리를 바이올린 연주를 수학을	잘한다.

She is good at	English. doing her hair. cooking. playing the violin. math.

3 Attention!!

by와 until의 차이

by~	~까지	어느 시점까지 동작이 완료하는 것을 나타낸다.
until~	~까지	어느 시점까지 동작이나 상태가 계속되는 것을 의미한다. = till

2단어 동사

lesson 054

turn on : 켜다
turn off : 끄다

You don't have to take off your shoes.

A : Please come in. You don't have to take off your shoes.
B : Are you sure? Thank you so much for inviting me.
A : Here, let me take your coat.

다음 몇 가지 뜻으로 자주 사용되는 2단어 동사의 몇 가지 예를 보겠습니다.

pick up

1 집어 들다 / 고르다
The baby picked up a pencil. 그 아기는 연필을 집어 들었다.

2 도중에서 태우다
Pick me up on your way please. 당신이 가는 길에 나를 태워주세요.

account for

1 설명하다
This report accounts for the reason.
이 보고서는 그 이유에 대해 설명하고 있다.

2 (비율을)차지하다
African Americans account for about 70% of the population of the district.
그 지역의 인구 약 70퍼센트를 흑인이 차지한다.

3 책임을 지다
He accounts for the results. 그는 그 결과에 책임이 있다.

knock off

1 그만두다
Let's knock off the work. 그 일 그만두자.

2 값을 깎아주다
As it's slightly damaged, I'll knock $2 off.
약간 손상되었으니 2달러 깎아 드릴게요.

A : 들어오세요. 신발은 벗지 않아도 되요.

B : 그래요? 초대해주셔서 고맙습니다.

A : 자, 코트 이리주세요.

일상생활에서 자주 사용되는 표현을 살펴보겠습니다.

- drive away 차로 달아나다
- drive off 차로 달아나다
- get in 차에 타다
- get on 버스에 타다
- get out 내리다
- run away 달아나다

- run off 달아나다
- fall down (아래로)떨어지다, 넘어지다
- fall off (자전거 등에서)떨어지다, 넘어지다
- go away 가버리다
- be away 떨어져 있다
- stand up 일어서다

- get up 일어나다
- sit down 앉다
- lie down 눕다
- come (be) back 돌아오다
- look out 내다보다
- look up 올려다보다
- turn around 돌아서다
- look around 주위를 둘러보다

Power tip

come in 들어오다
don't have to ~할 필요 없다
take off 벗다
shoes 명)신발 복수형
invite 동)초대하다
coat 명)코트

1 Practice one

곧 돌아오겠습니다.
(I'll be back soon.)

모퉁이를 도세요.
(Turn around the corner.)

주위를 돌아 봤을 때, 아무것도 볼 수 없었다.
(When I looked around, I could find nothing.)

타세요.
(Please get in.)

우린 바로 지금 버스를 타야한다.
(We have to get on the bus right now.)

2 Practice two

그는 어제 자전거에서 넘어졌다.
(He fell off his bike yesterday.)

나는 매일 일찍 일어난다.
(I usually get up early everyday.)

여기 앉으세요.
(Please sit down here.)

그는 어디론가 가버렸다.
(He went away somewhere.)

내 동생이 층계에서 넘어졌다.
(My brother fell down the stairs.)

3 Q and A

Q. '내 차로 30분 걸린다.'라는 표현을 할 때 It takes a half an hour by my car.라고 하면 맞나요?

A. 전치사 by는 탈것의 명사 앞에서 '~으로서'의 의미로 자주 사용하는데, 관사를 붙여 사용하지 않습니다. 따라서 by my car라고 하지 않고 'by car' 또는 'in my car'라고 하면 됩니다.

접속사

and / but / when

When we were in high school, he was in our class.

A : Have you heard the news about Johnson?
B : I'm not sure who you mean.
A : When we were in high school, he was in our class.
B : Oh, I remember him now.

접속사란 단어와 단어, 구와 구, 절과 절을 연결해 주는 말로 그 기능에 따라 등위 접속사와 종속 접속사로 나눠 볼 수 있습니다.

등위 접속사

단어, 구, 절을 대등하게 연결시켜 주는 접속사로 and, but, or, for 등이 여기에 속합니다.

and – ~와(과) / 그리고
He and I are friends. 그와 나는 친구다.
I have a bird and my brother has a frog.
나는 새를 갖고 있고 내 동생은 개구리 한 마리를 갖고 있다.

but – 그러나
He tried hard, but he failed. 그는 열심히 노력했지만 실패했다.
I bought a book, but I didn't read it. 책을 하나 샀지만, 읽지 않았다.

or – 혹은, 또는
Which do you like more, bananas or apples?
바나나 또는 사과 중 뭘 더 좋아하니?
You or your brother has to clean your room.
너나 네 동생이 방 청소해야해.

for – ~때문에, 왜냐하면
문장의 맨 앞에는 사용하지 않으며 for 앞에 쉼표를 사용합니다.
▶ It may have rained, for the roads are wet. (O)
▶ For the roads are wet, it may have rained. (X)

so – 그래서, 앞에 흔히 쉼표를 사용합니다.
I was too tired, so I went to bed early.
난 너무 피곤했다, 그래서 일찍 잠자리에 들었다

A : 너 존슨에 대해 소식 들었니?
B : 누구 말하는 건지 모르겠는데.
A : 우리 고등학교 다닐 때, 우리 반이었잖아.
B : 아, 이제 생각난다.

상관접속사

서로 짝을 이루어 접속 역할을 하는 접속사입니다.

both A and B - A도 B도 둘 다
Both Tom and Beth are my friends. 탐과 베스 둘 다 내 친구다.

not only A but(also) B - A뿐만 아니라 B도 (B에 동사를 맞춥니다.)
Not only Tom but also Beth is my friend. 탐뿐 아니라 베스도 내 친구다.
→ 주어 Beth

B as well as A - A뿐만 아니라 B도
I as well as you am tired. 너뿐만 아니라 나도 피곤하다.
→ 주어 I

either A or B - A또는 B중 어느 한쪽이
Either Tom or Beth will be here. 탐이 아니면 베쓰가 여기에 올 것이다.
→ 주어 Beth

neither A nor B - A도 B도 아니다.
Neither Tom nor Beth is his friend. 탐도 베쓰도 그의 친구가 아니다.
→ 주어 Beth

종속접속사

문장 속에서 다른 문장을 연결해 줍니다.

시간을 나타내는 접속사 - when, while, before, till, after, as, since 등
원인, 이유를 나타내는 접속사 - because, since, though, if 등
양보를 나타내는 접속사 - though, although
조건을 나타내는 접속사 - if, unless

1 Practice one

나는	그가 정직하다는 것을 그녀가 우승할 것을 그의 여동생이 친절하다는 것을 한국인들이 매우 부지런하다는 것을 나의 꿈이 이루어질 것을	믿는다.

I believe that	he is honest. she will be a winner. his sister is kind. Koreans are so diligent. my dream will come true.

2 Practice two

나는	커피와 차를 축구와 테니스를 고전음악과 팝음악을 제니와 수잔을 역사와 과학을	둘 다 좋아해요.	I like both	coffee and tea. soccer and tennis. classics and pops. Jenny and Susan. history and science.

3 Q and A

Q because와 because of의 차이를 설명해주세요.

A 둘 다 '~때문에'라는 뜻으로 사용됩니다. 그런데 because는 뒤에 절 즉, 주어와 동사와 함께 사용하며, because of는 간단한 구와 함께 사용합니다. '비가 오기 때문에 나는 집에 있다.'라는 표현을 하려면 다음과 같이 사용하면 됩니다. I'm staying at home because it is raining. 또는 I'm staying at home because of the rain.

간접화법

직접화법
간접화법

Do you know where David is?

A : Do you know where David is?
B : He told me that he was going to Italy.
A : On business?
B : He said that he wanted to find a new designer.

간접화법이란 말을 전달하는 사람의 입장에서 그 내용을 전달하는 방식입니다. 따라서 전달하고자 하는 내용은 전체 문장의 목적어로 사용하게 되며 인용부호를 사용하지 않습니다. 이에 비해 말하는 내용을 직접 말하는 방식을 직접화법이라 하는 것을 편의상 알아둡시다.

직접화법

He said, "I'll win the prize." "나는 상을 탈 거야"라고 그는 말했다.
Where is Frank? 프랭크는 어디 있니?

간접화법

He said that he would win the prize. 그는 자기가 상을 타겠다고 말했다.
Do you know where Frank is? 프랭크가 어디 있는지 아니?

평서문의 간접화법전환

① 인용부호를 없애고 인용문 앞에 that을 붙여 목적격 명사절로 만듭니다.
② 문장의 동사가 say면 그대로 사용하고, say to이면 tell로 바꿔 사용합니다.
③ 인용하려는 문장의 인칭대명사, 지시대명사, 시간, 장소 등을 말을 하는 사람의 인칭과 시제에 맞게 바꿔 사용합니다.

He said, "I am a teacher." "나는 선생님이야"라고 그는 말했다.
He said that he was a teacher. 그는 자신이 선생님이라고 말했다.
He said to me, "You are my friend."
He told me that I was his friend. 그는 나에게 내가 자기 친구라고 말했다.

시간의 부사어는 다음과 같이 바꿔 사용합니다.

this 이것 ↪ that   these 이것들 ↪ those
now 지금 ↪ then   here 여기 ↪ there

A : 데이빗이 어디 있는지 아니?
B : 이태리에 간다고 나한테 말했었어.
A : 사업차로?
B : 새 디자이너를 찾고 싶다고 그랬어.

today 오늘 ↔ that day
tonight 오늘밤 ↔ that night
the next day 다음날 ↔ the following day
yesterday 어제 ↔ the day before
the preceding day 전날 ↔ the previous day
last night 전날 밤 ↔ the night before / the previous night
next year 내년 ↔ the next year / the following year

ago 전에 ↔ before
tomorrow 내일 ↔ the day after

의문문의 간접화법전환

① 문장의 동사를 ask로 바꿔 사용합니다.
② 전달하려는 의문문의 내용을 의문사 + 주어 +동사의 순서로 사용합니다. 이 때 의문사가 없는 의문문인 경우에는 접속사if나 whether를 사용하면 됩니다.
③ 전달하는 사람의 입장에 맞춰 인칭과 시제를 바꿔 사용합니다.

He said to me, "Where are you going?" '너 어디 가니?'라고 그는 나에게 말했다.

He asked me where I was going. 그는 나에게 내가 어디에 가는지 물었다.
→ 의문사 + 주어 + 동사

명령문의 간접화법전환

① 문장의 동사를 상황에 맞춰 ask, tell, beg, order, bid 등의 동사로 바꿔 사용합니다.
② 전달하려는 명령문을 to 부정사로 만들어 사용합니다.
③ 전달하는 사람의 입장에 맞춰 인칭과 시제를 바꿔 사용합니다.

He said to me, "Clean your room." '네 방을 청소해라'라고 그는 나에게 말했다.

He ordered me to clean my room. 그는 나에게 내 방을 청소하라고 시켰다.

Power tip

know 동) 알다   told 동) 말했다   Italy 명) 이태리
on business 사업차   find 동) 발견하다   designer 명) 디자이너

1. Practice one

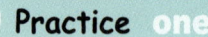

나는	그가 무슨 말을 하는지 네가 뭘 원하는지 내가 어떻게 해야 할지 그가 어디로 갈지 우리가 어떻게 거기에 갈 수 있는지	모른다.	I don't know	what he says. what you want. what I should do. where he is going. how we can get there.

2. Practice two

그는	자기가 교수라고 나와 결혼할거라고 다음 달에 시드니에 있을 거라고	말한다.

He says that	he is a professor. he will marry me. he will be in Sidney next month.

그는 나에게	의사라고 그녀를 사랑한다고 뉴욕을 가 본적 있다고	말했다.

He told me that	he was a doctor. he loved her. he had been to New York.

3. Q and A

Q. '나는 그녀가 너에게 화가 났다고 생각했다.' 라는 문장에서 I thought that she is angry with you.라고 하면 왜 틀리나요?

A. I thought that she is angry with you.라는 문장에서 동사 thought 가 과거 시제 이므로 그 내용을 말해 주고 있는 that이하의 문장에서 도 동사 is는 그 당시의 시제가 과거이므로 과거로 동사 thought처럼 시제를 일치 시켜줘야 하며, 이것을 시제 일치라고 합니다.

lesson 057

it, too / either, so / neither + 동사 + 주어

긍정문에서 : too / so
부정문에서 : either / neither

It takes about half an hour.

A : How long does it take to get to the shopping mall?
B : It takes about half an hour from here. I often walk there because I enjoy walking.
A : Oh, really. So do I.

it은 그것이라는 뜻을 갖고 있으나 아무런 뜻 없이 사용하는 경우가 있습니다.

● 가주어 it

영어에서는 말의 앞을 되도록 간단하고 명료하게 결론을 내고 자세한 내용은 뒤에서 설명하려는 경향이 있습니다. 따라서 주어가 너무 길 때 주어자리에 it을 사용하고 원래 주어를 뒤로 넘겨 사용한답니다.

밤에 나가는 것은 위험하다.
To go out at night is dangerous.
○ It is dangerous to go out at night.

● 비인칭 주어 it

시간, 요일, 날, 거리, 날씨 등을 말할 땐 it을 주어로 사용하고 역시 해석은 하지 않습니다.

It's half past three. 3시 30분이다.
  └→ 시간
It's December 15th. 12월 15일이다.
  └→ 날
It's Saturday. 토요일이다.
  └→ 요일
How far is it from here to work? 여기서 직장까지 얼마나 멀어?
           └→ 거리
It was very windy yesterday. 어제 바람 많이 불었어.
  └→ 날씨

~도 또한 / ~도 역시라는 말을 표현할 때 too와 either가 있으며 각각 사용을 달리 합니다.

A : 쇼핑몰에 가는데 얼마나 걸려요?

B : 여기서 30분 정도 걸려요.
   난 걷는 걸 즐겨서 자주 거기에 걸어가요.

A : 그래요? 나도 그래요.

too 긍정문에서

I like them too. 나도 스포츠를 좋아해.
He went there too. 그도 거기에 갔어.

either 부정문에서

I don't like sports either. 나도 스포츠를 싫어해.
He didn't attend the meeting either. 그도 그 모임에 참석하지 않았어.

~도 그래라는 표현을 할 때 so와 neither를 사용할 수 있습니다.

> 동사는 앞 문장의 동사에 따라 be동사는 be동사로, 일반 동사는 do나 does나 did로, 조동사가 있으면 조동사로 바꿔 사용해야 하는 것을 주의해서 살펴보시기 바랍니다.

긍정문에서 so + 동사 + 주어

I was late yesterday. 나는 어제 지각했어.
So was Jim. ● Jim was late too. Jim도 지각했어.
We worked yesterday. 우린 어제 일했어.
So did they. ● They worked too. 그들도 일했어.
I can play the piano. 나는 피아노 칠 줄 알아.
So can she. ● She can play the piano too. 그녀도 할 줄 알아.

부정문에서 neither + 동사 + 주어

I wasn't late yesterday. 나는 어제 지각 안 했어.
Neither was Jim. ● Jim wasn't late either. Jim도 지각 안 했어.

Power tip

take 동) 걸리다   shopping mall 명) 쇼핑몰   about 부) 약
half 명) 반, 1/2   often 부) 자주   walk 동) 걷다

1 Practice one

날씨가	화창하고 덥다. 비 오고 바람이 분다. 춥고 구름 꼈있다. 쌀쌀하다. 안개 껴있다.
It's	sunny and hot. rainy and windy. cold and cloudy. chilly. foggy.

2 Practice two

내가	밤에 나가는 것은 그 문제를 푸는 것은 이 의자에 앉는 것은 이 책을 읽는 것은	위험하다 어렵다 불편하다 쉽다

It is	dangerous difficult uncomfortable easy	for me to	go out at night. solve the problem. sit on this chair. read this book.

3 Q and A

Q 전치사와 부사의 차이를 알려주세요.

A 전치사는 말 그대로 명사 앞에 놓는 말이고 '불 끄세요.' 라는 'Turn off the light.' 라는 문장에서 off는 전치사로 보지 않고 turn과 함께 '끄다' 라는 뜻을 가진 그냥 하나의 동사로 보면 됩니다. 즉, 전치사 다음에는 반드시 명사나 동명사, 또는 의문사절 등을 사용하고 부사는 문장 어느 곳에나 사용할 수 있답니다.

관계대명사 1

who / which / that

The man who is wearing sunglasses.

A : Who is Mr. Kim?
B : The man who is wearing sunglasses.
A : Do you know him well?
B : Yes, he is a very popular actor in Korea.
     He is known for his beautiful smile.

● 관계대명사

서로 관계가 있는 명사를 포함하고 있는 표현으로, 두 문장을 하나의 문장으로 붙여 편리하게 사용하는 도구라고 할 수 있습니다.
따라서 관계대명사는 두 가지 역할, 즉 대명사와 접속사의 역할을 하게 됩니다.

두 문장의 관계가 있는 단어를 찾아 대명사로 연결할 때
그 공통단어가 사람이면 ⇨ who(whose / whom)나 that
              사물이면 ⇨ which나 that을 사용합니다.

자, 그럼 관계대명사를 사용하여 두 문장을 한 문장으로 만들어 봅시다.

① I know a woman. 난 한 여자를 알아.
② She speaks English very well. 그녀는 영어를 굉장히 잘해.
    └→ 대명사(위의 두 문장에서 a woman과 she는 같은 인물)
①+② I know the woman who speaks English very well.
나는 영어를 매우 잘하는 한 여자를 안다. └→ 관계대명사

① There is a sentence. 한 문장이 있다.
② It is wrong. 그 문장은 틀렸다.
    └→ 대명사(위의 두 문장에서 a sentence와 it은 같은 대상)
①+② There is the sentence which is wrong. 틀린 문장이 하나있다.
                              └→ 관계대명사

관계대명사가 이끄는 절에서 관계대명사가 하는 역할에 따라 주격, 소유격, 목적격이 있으며 그 종류를 표로 정리해 봅시다.

A : 미스터 김이 누구예요?
B : 선글라스 끼고 있는 사람이요.
A : 그를 잘 알아요?
B : 네, 그는 한국에서 매우 인기 있는 배우예요. 그의 아름다운 미소로 유명하죠.

관계대명사의 종류

	주격	목적격	소유격
사람	who, that	whom, that	whose
사물, 동물	which, that	which, that	whose, of which

목적어역할을 하는 목적격 관계대명사는 생략 할 수도 있습니다.

① He is drawing a picture. 그는 그림을 그리고 있다.
② It is beautiful. 그 그림은 멋있다.
①+② The picture (that) he is drawing is beautiful.
　　　　　　　　　↳ he is drawing 문장의 목적어
그가 그리고 있는 그 그림은 훌륭하다.

① Do you know the man? 너 그 사람을 아니?
② You took a picture of him. 너는 그 사람 사진을 찍었다.
①+② Do you know the man (whom) you took a picture of?
　　　　　　　　　　　　　　↳ you took a picture of 문장의 목적어
네가 사진에 찍은 그 사람을 아니?

소유격 관계대명사

① We saw some people. 우린 어떤 사람들을 봤어.
② Their car had broken down. 그들의 차가 고장나있었어.
　↳ 소유격 대명사
①+② I saw some people whose car had broken down.
차가 고장 난 어떤 사람들을 보았어. 　↳ 소유격 관계대명사

> **Power tip**
> sandwich 명) 샌드위치　　brought 동) 가져오다 과거형　　let's ~합시다
> have 동) 가지다, 먹다　　lunch 명) 점심　　sound 동) 들리다

1 Practice one

나는	이곳에 사는 사람을 네가 갖고 있는 책을 고흐가 그린 그림을 네가 말하는 영화를 하얀 집을	알고 있다.

I know	the man who lives here. the book which you have. the picture that Van Gogh painted. the movie which you are talking about. the house which is white.

2 Practice two

잭슨은 50년 된 집에서 살고 있다.
(Jackson lives in a house that is 50 years old.)

그 사무실 사람들은 친절하다.
(The people that work in the office are kind.)

나는 스페인어 할 줄 아는 사람을 만났다.
(I met a man who can speak Spanish.)

우리가 만난 사람들은 친절했다.
(The people who we met were kind.)

나는 저 선반 위에 있는 가방이 맘에 든다.
(I like the bag that is on the shelf.)

3 Q and A

Q I like a girl who is very kind. 란 문장과 I like the girl who is very kind.라는 두 문장은 어떤 차이가 있나요?

A 선행사 a girl 과 the girl의 차이가 있군요. I like a girl who is very kind. 란 문장에서는 누군지는 정해져 있지 않지만 친절한 한 소녀를 좋아한다는 의미이며, I like the girl who is very kind.라는 문장에서는 특정한 친절한 그녀를 좋아한다는 의미입니다. 형용사절로 수식된다고 해서 반드시 the가 붙는다고는 말할 수는 없는 것이죠.

관계대명사 2

– what

Did you see what Mary brought?

A : Did you see what Mary brought?
B : Yes, here they are.
A : Wow, They are sandwiches. Let's have them for lunch.
B : That sounds good!

● 관계대명사 what

~인 것이란 의미로 the thing which / the things which / that which의 뜻을 나타냅니다.
다른 관계대명사는 관계대명사절이 다른 공통단어 즉, 선행사를 수식해 주는 형용사의 역할을 하는데 비해, 관계대명사 what이 이끄는 관계대명사절은 명사절 역할을 하여 주어 / 목적어 / 보어로 사용됩니다.

① Show me the thing. 나에게 그 물건을 보여 주시오.
② It is in your bag. 그것은 너의 가방 안에 있다.
①+② Show me what is in your bag.
너의 가방에 있는 것을 내게 보여 주시오. → 목적어

① He said that. 그는 그것을 말했다.
② It is true. 그것은 사실이다.
①+② What he said is true. 그가 말한 것은 사실이다.
        → 주어

① This is the thing. 이것이 그것이다.
② He said that. 그가 그것을 말했다.
①+② This is what he said. 이것은 그가 말한 것이다.
              → 보어

관계대명사 what의 예들을 살펴봅시다.

I don't believe what they said. 나는 그들이 말한 것을 믿지 않는다.
You may do what you'd like. 당신이 하고 싶은 것을 해도 좋다.
I don't care what you intend to do.
나는 네가 의도하는 일에 관심 없다.

A : 메리가 가져온 것 봤니?
B : 응, 여기.
A : 와, 샌드위치네, 우리 점심으로 먹자.
B : 좋아.

Don't put off till tomorrow what should be done today.
오늘 해야 할 일을 내일로 미루지 마라.

관계대명사 what이 관용적으로 사용되는 예를 봅시다.

what I am : 오늘날의 나 / 나의 인격
She is not what she was. 그녀는 예전의 그녀가 아니다.

what I have : 내가 가진 것 / 나의 재산
What I am is more important than what I have.
나의 인격이 나의 재산보다 더 중요하다.

what is more : 게다가 / 더욱이
She said it, and what is more, she did it.
그녀는 그것을 말했다. 더욱이 그녀는 그것을 했다.

what is still better : 더욱 좋은 것은
He is handsome, and what is still better, clever.
그는 잘 생긴데다 더욱 좋은 것은 영리하다는 것이다.

Power tip

sandwich 명) 샌드위치
brought 동) 가져오다 과거형
let's ~합시다
have 동) 가지다, 먹다
lunch 명) 점심
sound 동) 들리다

1 Practice one

| This is what I | want.
should do.
looking for.
wanted to eat.
intend to say | 이것은 내가 | 원하는
해야 하는
찾고 있는
먹고 싶었던
말하려던 | 것이다. |

2 Practice two

데이빗은 맘에 드는 학생들을 가르친다.
(Mr. David teaches students (that) he likes.)

그가 들고 있는 가방은 무겁다.
(The bag (that) he is carrying is heavy.)

내가 어제 산 책이 사라졌다.
(The book (that) I bought yesterday is missing.)

이 사람들이 내가 너에게 말했던 사람들이다.
(These are the men (that) I told you about.)

우리가 묵었던 호텔은 매우 좋았다.
(The hotel (that) we stayed at was very good.)

3 Q and A

Q. 관계대명사 what과 의문사 what의 차이점을 알려주세요.

A. '저녁에 무엇을 먹었는지 말해 주세요.'라는 말을 표현할 때 Tell me what you had for dinner.라고 합니다. 이 때 what은 의문사입니다. '무엇'으로 의미가 통하면 의문사, 그렇지 않으면 관계대명사로 보면 무난합니다. '이것은 내가 오랫동안 원했던 것이다.'라는 표현을 할 때 This is just what I have wanted so long.라고 합니다. 이 때 what은 '~인 것'의 의미로 관계대명사로 사용된 것입니다.

관계부사

lesson 060

where / when / how / why

I plan to go to the place this weekend.

A : I plan to go on a picnic this weekend.
B : Where do you plan to go?
A : To the place where the river flows. I'd like to row a boat.
B : Do you know how?
A : Yes, I do.

관계부사에는 where장소 / why이유 / how방법 / when시간 이 있으며 부사와 두 문장을 연결해 주는 접속사의 두 가지 역할을 하게 됩니다. 관계부사절은 관계가 있는 공통의 다른 단어를 수식해 주는 형용사절의 역할을 합니다.

where(장소)

① The hotel wasn't very clean. 그 호텔은 그다지 깨끗하지 않았어.
② We stayed there. 우린 거기에서 묵었어.
①+② The hotel where we stayed wasn't very clean.
우리가 묵었던 호텔은 그다지 깨끗하지 않았어.

why(이유)

① Tell me the reason. 나에게 그 이유를 말해라.
② You came here for that reason. 너는 그 이유 때문에 여기에 왔다.
①+② Tell me the reason for which you came here.
네가 여기에 온 이유를 나에게 말해라.
▶ Tell me the reason why you came here.

how(방법)

① This is the way. 이것은 그런 식이다.
② She treats me in this way. 그녀는 이런 식으로 나를 대한다.
①+② This is the way in which she treats me.
이것이 그녀가 나를 대하는 식이다.
▶ This is how she treats me. = This is the way she treats me.

when(시간)

① Wednesday is his birthday. 수요일은 그의 생일이다.
② We'll have the party on that day. 우리는 그날에 파티를 열 계획이다.

A : 난 이번 주말에 소풍갈 계획이야.
B : 어디로 갈 건데?
A : 강이 흐르는 곳으로 배를 타고 싶어.

B : 노 저을 줄 아니?
A : 응.

①+② Wednesday is his birthday **on which** we plan to have the party. 수요일은 우리가 파티를 열려는 그의 생일이다.
▷ Wednesday is his birthday **when** we plan to have the party.

* 관계부사는 생략할 수 있습니다. 관계부사를 생략할 때에는 공통의 다른 단어 즉, 선행사를 사용합니다.

Monday is **the day** I'm busy. 월요일은 내가 바쁜 날이다.
The book is **the place** you left it. 그 책은 네가 두고 온 그 자리에 있다.

* 관계부사 how는 선행사 the way와 함께 사용하지 않으므로 how나 선행사 the way중 한 가지만 사용합니다.

He asked me to show him **the way** I had done the work.
그는 내가 그 일을 한 방법을 가르쳐달라고 했다.
This is **how** she always treats me. 이것이 그녀가 항상 나를 대하는 방법이다.

* how를 제외한 다른 관계부사는 선행사나 관계부사 둘 중 하나를 생략해도 되고 둘 다 사용해도 됩니다.

Do it **the way** I do it. 내가 하는 식으로 그 일을 해라.
Let's get together **when** I'm free. 내가 시간적 여유가 있을 때 만나자.
Where there's a will, there's a way. 뜻이 있는 곳에 길이 있다.
That is **why** I asked this question. 그것이 내가 이 질문을 한 이유이다.
That is **how** it happened. 사건이 일어난 경위는 그러하다.

Power tip

plan 동) 계획하다   picnic 명) 소풍
this weekend 이번 주말
river 명) 강   flow 동) 흐르다
row 동) 배를 젓다

 Practice one

이것은	그녀가 항상 나를 대하는	방식이다.	This is how	she always treats me.
	우리가 문제를 푸는			we solve problems.
	그가 일을 처리하는			he deals with things.
	그가 나를 사랑하는			he loves me.
	그 상황이 일어난			it happened.

Practice two

나는	파티가 열렸던	곳에 갔다.
	부모님이 사셨던	
	내 지갑이 사라진	
	그 사고가 일어난	
	그 배우가 연기했던	

I went to the place where	the party opened.
	parents lived.
	my pulse disappeared.
	the accident happened.
	the actor played.

 Q and A

Q 관계부사의 계속적 용법이란 무엇입니까?

A 관계부사 where와 when은 계속적 용법으로 사용될 수 있는데, 계속적 용법은 앞에서부터 내려서 의미를 나타내며 문맥에 따라 적절히 「접속사+부사」로 바꾸어 사용할 수 있습니다. '나는 부산에 갔다. 그리고 나는 그곳에서 일주일을 머물렀다.' 라는 표현을 할 때 I went to Busan, where I stayed for a week.라는 문장은 I went to Busan, and I stayed there for a week.의 의미로 같이 사용할 수 있습니다.

가정법 1(현재)

If ~ : 만일 ~라면

If you don't hurry, you'll be late.

A : What time is it now?
B : It's 5:50. When is the meeting scheduled to start?
A : At 6.
B : If you don't hurry, you'll be late.

● 가정법현재

시제는 현재이나 의미상 미래의 가능한 일, 또는 가능하지 못하여 희망하는 일에 대한 여러 상황을 가정하는 표현이며, 흔히 만일 ~이라면의 if를 사용하여 표현합니다.

편의상 한 문장에서 if가 이끄는 절을 조건절 혹은 종속절이라고 하며, 주로 이루어지는 행위나 설명을 나타내는 절을 주절이라고 합니다.

가정법 현재는 if절 즉, 조건절의 시제를 현재시제로, 주절에는 will(~할 것이다), can(~할 수 있다), may(~할 수도 있다 / ~할 가능성이 있다)등의 조동사를 의미에 따라 사용하고 그 뒤엔 동사원형을 사용하면 됩니다.

● If 주어 + 동사(현재시제), 주어 + will(can, may) + 동사원형

if절을 먼저 사용해도 되고 주절을 먼저 사용해도 됩니다.

만일 비가 그친다면, 나는 소풍 갈 것이다
If rain stops, I will go on a picnic.
● I will go on a picnic, if rain stops.

만일 내가 충분한 돈이 있다면, 나는 새 차를 살 수 있다
If I have enough money, I can buy a new car.
● I can buy a new car, if I have enough money.

네가 만일 18세 이상이라면, 넌 네 차를 운전할 수 있다.
If you are over 18, you may drive your car.
● You may drive your car, if you are over 18.

A : 지금 몇 시예요?
B : 5시 50분이요. 그 모임이 언제 시작하기로 되 있나요?
A : 6시오.
B : 서두르지 않으면 늦겠어요.

if절 즉, 조건절은 단독으로도 사용할 수 있습니다.

Can you help me? 나 좀 도와줄래?
If I can. 할 수 있으면.
Are you going to the meeting? 너 그 모임에 갈거니?
If they want. 그들이 원하면.

이 번에는 when과 if의 차이점에 대해 살펴봅시다.
when은 확실한 경우에 사용하고, if는 불확실한 경우에 사용합니다.

When you go out, turn off the light. 너 나갈 때, 불 꺼.
　　↳ 나갈 것이 확실한 상황

If you watch the movie, you'll like it.
　　↳ 영화를 볼지 아직 정해지지 않는 상황
만일 네가 그 영화를 본다면, 너도 좋아 할 거야.

When they need me, I'll be back.
　　↳ 필요한 것이 확실한 상황
그들이 나를 필요로 할 때, 나는 돌아오겠다.

If I go out last, I'll lock the door. 내가 마지막으로 나가면, 문 잠글게.
　　↳ 나갈 것이 아직 정해지지 않는 상황

> **Power tip**
>
> now 부) 지금
> meeting 명) 모임, 회의
> scheduled 예정된
> start 동) 시작하다
> hurry 동) 서두르다
> late 형) 늦은

1 Practice one

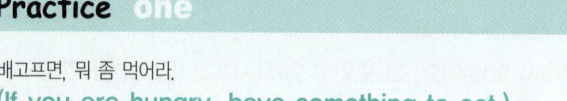

배고프면, 뭐 좀 먹어라.
(If you are hungry, have something to eat.)

만일 내가 늦으면, 기다리지 마.
(If I'm late, don't wait for me.)

할 수 있으면, 널 도울게.
(If I can, I'll help you.)

비가 오면, 집에 머무를 거야.
(If it rains, I plan to stay home.)

2 Practice two

| 조심해, | 그렇지 않으면 다칠거야. |
| | 그러면 어려운 일을 피할 수 있을 거야. |

| Be careful, | or it will hurt you. |
| | and you can avoid dangerous things. |

| 그것을 그만둬라, | 그렇지 않으면 너는 피곤해 질 거야. |
| | 그러면 건강해 질 수 있을 거야. |

| Stop it, | or you'll be tired. |
| | and you can be healthy. |

3 Q and A

Q 가정법이란 무엇입니까?

A 가정법은 실제로 '가정'이라기보다는 '추측적인 의견'을 말하는 것입니다. 그 가정이 얼마나 확실한가는 듣는 사람이 생각할 일이고 말하는 사람은 그냥 가정법을 사용하면서 그것이 자기의 의견이기 때문에 확실하지 않다는 인상을 주는 것입니다. 따라서 단지 문법적인 의미로 가정법 과거가 현재의 반대이고 가정법 과거 완료가 과거의 반대라는 것만을 따지는 것은 의미가 없습니다.

가정법 2(과거)

If + 주어 + 동사과거,
주어 + 조동사 과거 + 동사원형

If I were you, I would have a serious talk with him.

A : My husband and I are having problems.
B : What's the problem?
A : He drinks a lot every night.
B : If I were you, I would have a serious talk with him.

● 가정법 과거

if절의 시제는 과거나 현재의 반대되는 상황이나 이룰수 없는 일을 가정하며 주절 안의 시제는 should, would, could, might등의 가능성과 보류적인 의미를 가지고 있는 조동사와 동사원형을 사용합니다.

If + 주어 + 과거동사 / 주어 + would(could / should / might) + 동사원형

If I had enough money, I could buy the car.
내가 충분한 돈이 있다면, 그 차를 살 수 있을 텐데.
If it didn't rain, I would go on a picnic. 비가 안 온다면, 소풍갈 텐데.
If I were(was) you, I wouldn't go out. 내가 너라면, 나가지 않을 텐데.

would, should, could, might의 조동사에 대해 잠시 살펴보겠습니다.
would - 겸손과 권유의 표현
should - ~이 도리에 맞다라는 표현
could - ~일 수도 있다라는 단정적이지 않은, 또는 권유의 표현
might - 아마도 ~일 것이다 / 아마도 괜찮을 것이다라는 표현

● 가정법과거와 가정법현재의 차이점

가정법현재는 아직 끝나지 않아 가능성이 남아 있는 상태이며, 가정법과거는 이미 끝이 난 현재의 상황을 표현합니다.

If I had time, I would go to the party.
시간이 있다면, 그 파티에 참석할 텐데. (시간이 없어서 참석 못함.)
If I have time, I will go to the party.
시간 있으면, 그 파티에 참석할게. (시간이 있을지 없을지 아직 모름.)

if 이외의 가정법 표현들을 살펴보겠습니다.

> A : 나의 남편과 나는 문제가 있어요.
> B : 무슨 문젠가요?
> A : 남편이 매일밤 술을 많이 마셔요.
> B : 내가 당신이라면, 그와 진지한 대화를 하겠어요.

I wish + 가정법 과거 : '~라면 좋을 텐데'

현재 이루어 질 수 없는 소망을 표현합니다.

I wish I were a bird.   내가 새라면 좋을 텐데.
◎ I'm sorry I'm not a bird.
I wished I were a bird.   나는 내가 새라면 하고 바랬었다.
◎ I was sorry I wasn't a bird.

as if(though) + 가정법 과거 : '마치 ~처럼'

He talks **as if(though)** he were a doctor.
그는 마치 자기가 의사인 것처럼 말한다.
◎ In fact, he is not a doctor.
He talked **as if** he were a doctor.
그는 (그 당시에) 마치 자기가 의사인 것처럼 말했다.
◎ In fact, he wasn't a doctor.

It's time + 가정법 과거 : '~할 시간이다.'

It's time that you went to bed.   이제 잘 시간이다.

Power tip

husband 명) 남편   problem 명) 문제
drink 동) (술을)마시다   a lot 많이
serious 형) 진지한   talk 명) 대화, 말

1 Practice one

내가 너라면,	그와 진지한 대화를 할 텐데. 그녀와 결혼할 텐데. 파티에 갈 텐데. 그에게 진실을 말할 텐데. 열심히 공부할 텐데.

If I were you, I would	have a serious talk with him. get married to her. go to the party. tell him the truth. study hard.

2 Practice two

내가	부자라면 새라면 백만장자 십대라면 슈퍼맨이라면	좋을 텐데.

I wish I were	rich. a bird. a millionaire. a teenager. a superman.

3 Q and A

Q 창문을 열어 주시겠어요?라고 표현할 때 Would you open the window?라는 문장에서 가정법이 사용된 건가요?

A 네, 그러나 위의 문장에서는 현재 사실의 반대, 또는 과거 사실의 반대의 의미로 사용된 것이 아니고 창문을 열어주겠냐는 상대방의 의견을 묻는 것으로 가정법을 이용하여 겸손한 표현을 나타낸 것입니다.

문장의 형식

1·2·3·4·5 형식

l·e·s·s·o·n
063

Can you hold the door for me?

A : Third floor please.
A : Can you hold the door for me so I can get my things(Later)?
B : Sure, would you need a hand with that?
A : Oh, I'm okay, but thanks anyway.

문장을 구성하는 기본 요소는 주어 / 동사 / 목적어 / 보어 4가지가 있으며, 이 네 가지 이외의 말들은 수식어입니다.
이 네 가지의 구성 성분에 따라 다음과 같이 5가지의 형식으로 분류할 수 있습니다.

1 형식 ☞ 주어 + 동사
2 형식 ☞ 주어 + 동사 + 보어
3 형식 ☞ 주어 + 동사 + 목적어
4 형식 ☞ 주어 + 동사 + 간접목적어 + 직접목적어
5 형식 ☞ 주어 + 동사 + 목적어 + 목적보어

1 형식 – 가장 기본적인 형식

Birds sing. 새들이 노래한다.
　↳ 주어　↳ 동사

I usually get up early in the morning. 나는 아침에 보통 일찍 일어난다.
↳ 주어　　　↳ 동사
(I와 get up을 뺀 나머지는 문장 성분이 아닌 수식어)

2 형식 – 동사만으로는 뜻이 불완전해서 보어가 필요한 상태
보어는 주어를 보충 설명하며, 명사나 형용사가 그 자리에 사용됩니다.

He is a famous artist. 그는 유명한 화가야.
↳ 주어 ↳ 동사　↳ 보어

That sounds good. 그것 좋군요.
↳ 주어　↳ 동사　↳ 보어

3 형식 – 목적어가 필요한 상태
우리말에 '무엇을'에 해당하며 명사에 해당하는 단어나 어구가 사용됩니다.

What brought you here? 무슨 일로 오셨어요?
↳ 주어　↳ 동사　↳ 목적어

He knows me well. 그는 나를 잘 안다.
↳ 주어　↳ 동사　↳ 목적어

A : 3층이요.
B : (후에) 물건 좀 내리게 문 좀 잡아주시겠어요?

A : 물론이에요. 도와드릴까요?
B : 괜찮아요. 어쨌든 고맙습니다.

The boy broke the vase. 그 아이는 꽃병을 깨뜨렸다.
→ 주어 → 동사 → 목적어

4 형식 - 목적어가 간접목적어(~에게)와 직접 목적어(~을 / ~를) 2개가 필요한 상태

He gave me a present. 그는 나에게 선물을 하나주었다.
→ 주어 → 동사 → 간접목적어 → 직접목적어

Who bought you this nice bag? 누가 이 멋진 가방을 너에게 사줬니?
→ 주어 → 동사 → 간접목적어 → 직접목적어
(who는 의문사이면서 주어)

I made her a desk. 나는 그녀에게 책상을 만들어 주었다.
→ 주어 → 동사 → 간접목적어 → 직접목적어

5 형식 - 목적어와 보어가 모두 필요한 상태

We consider him a good teacher. 우리는 그를 좋은 선생님이라고 생각한다.
→ 주어 → 동사 → 목적어 → 목적격보어
(그는 선생님이다.)

He made her happy. 그는 그녀를 행복하게 해주었다.
→ 주어 → 동사 → 목적어 → 목적격보어
(그녀는 행복하다.)

2형식에서는 주어를 보충 설명하는 주격보어로, 5형식에서는 목적어를 보충 설명하는 목적보어로 사용됩니다. 따라서 의미상 목적어와 목적보어는 주어와 술어의 관계가 됩니다.

Power tip

third 3층
hold 동) 잡다
door 명) 문
things 명) 물건 복수
need a hand 도움이 필요하다
anyway 부) 어쨌든

1 Practice one

| 나는 | 그녀에게 스카프를
그에게 자전거를
나의 아가에게 장난감을
그들에게 노란 셔츠를
내 동생에게 생일선물로 컴퓨터를 | 사주었다. |

I bought her a scarf.
　　　　him a bike.
　　　　my baby toys.
　　　　them yellow shirts.
　　　　my brother a computer for his birthday.

2 Practice two

| 그는 | 나에게 샌드위치를
우리에게 책상을
내 여동생을 훌륭한 요리사로
나를 화나게
그들을 서두르게 | 만들어
주었다. | He made | me a sandwich.
us nice desks.
my sister a good cook.
me angry.
them hurry. |

3 Q and A

Q 나는 그에게 선물을 주었다.라고 말하고 싶을 때 I sent him a present.라고 하는데 him과 present를 바꿔서 I sent a present him.이라고 하면 틀리는 건가요?

A send라는 동사는 목적어를 두 개 취할 수 있으며 두 개의 목적어를 A, B라 할 때 'A에게 B를 보내다'라는 의미가 됩니다. 그래서 I sent a present him.이란 문장은 '선물에게 그를 보냈다'라는 의미가 되어 맞지 않으며 그럴 경우엔 다음과 같이 하면 맞습니다. I sent a present to him.

I 영문법 표

1 be동사

주어	be동사	단축형
I	am	I'm
we	are	we're
you		you're
they		they're
he	is	he's
she		she's
it		it's

2 be동사 부정문

주어	동사	단축형
I	am not	I'm not
we	are not	we're not / we aren't
you		you're not / you aren't
they		they're not / they aren't
he	is not	he's not / he isn't
she		she's not / she isn't
it		it's not / it isn't

3 be동사 의문문

동사	주어	물음표
am	I	
are	we	
	you	
	they	?
is	he	
	she	
	it	

4 be동사 의문문에 대한 대답

Yes,	I	am	No,	I'm			not.
	we / you / they	are		we / you / they	aren't	or	we're / you're / they're
	he / she / it	is		he / she / it	isn't		he's / she's / it's

5 현재진행과 현재진행 의문문

I	am(not)			am	I	
we / you / they	are(not)	– ing		are	we / you / they	– ing?
he / she / it	is(not)			is	he / she / it	

6 be동사와 일반동사의 부정문(비교)

be동사	주어 + be동사 + not~. This is not a monkey. 이건 원숭이가 아닙니다.
일반동사	주어 + do(does) not + 동사원형 The boys don't like music? 그 소년들은 음악을 좋아하지 않습니다.

7 be동사와 일반동사의 의문문 (비교)

be동사	be동사 + 주어~? Is this a monkey? 이게 원숭이입니까?
일반동사	Do(Does) + 주어 + 동사원형? Do the boys like music? 그 소년들은 음악을 좋아합니까?

8 주어에 따른 현재와 과거시제 변화

	주어	현재	과거
be동사	I, he, she, it	am, is	was
	We, You, They	are	were
일반동사	규칙 변화	live	lived
	불규칙 변화	go	went

9 be동사와 일반동사의 과거형 부정문

be동사	주어 + was(were) + not~.
일반동사	주어 + did not + 동사원형.

10 be동사와 일반동사의 과거형 의문문

be동사	was(were) + 주어~?
일반동사	Did + 주어 + 동사원형~?

11 셀 수 있는 명사와 셀 수 없는 명사

셀 수 있는 명사	보통명사	눈에 보이는 일반적인 사람, 사물의 이름 father아버지, rose장미, leaf나뭇잎, book책 등
	집합명사	사람이나 사물이 집합을 나타내는 이름 family가족, police경찰, people사람들, 국민 등
셀 수 없는 명사	고유명사	사람이나 지명을 나타내는 이름 대문자 표기 Kim김, Friday금요일, Mt. Hanra한라산, Seoul서울 등
	물질명사	일정한 형태가 없는 물질을 나타내는 이름 water물, rain비, sugar설탕, coffee커피 등
	추상명사	눈에 보이지 않는 추상적인 개념을 나타내는 이름 youth젊음, honest정직, advice충고, art예술 등

12 명사와 관사의 쓰임

	a	an	the	관사 없음
셀 수 있는 명사(단수)	a cat	an apple	the dog	
셀 수 있는 명사(복수)			the dog	dags
셀 수 없는 명사			the sugar	sugar

13 인칭대명사

	단 수				복 수			
	주격	소유격	목적격	소유대명사	주격	소유격	목적격	소유대명사
1인칭	I(나는)	my(나의)	me(나를)	mine(나의 것)	we	our	us	ours
2인칭	you	your	you	yours	you	your	you	yours
3인칭	he	his	him	his	they	their	them	theirs
	she	her	her	hers				
	it	its	it					

14 대명사 정리

인칭대명사	사람을 대신해서 표현하는 대명사(재귀대명사 포함) I, they, him, ours, them, himself, themselves 등.
지시대명사	'이것', '저것' 등을 지시하는 대명사 this, that, these, those 등
부정대명사	막연한 사람이나 사물을 가리키는 대명사 some, one, other, all 등

15 재귀대명사

	단 수	복 수
1인칭	myself 나 자신	ourselves 우리들 자신
2인칭	yourself 너 자신	yourselves 너희들 자신
3인칭	himself 그 자신 herself 그녀 자신 itself 그것 자신	그들 자신 themselves 그녀들 자신 그것들 자신

16 형용사용법

	어순
한정용법	형용사 + 명사
서술용법	형용사 + 동사 + 형용사

17 부사용법

	어순
동사수식	동사 + 부사
	동사 + 목적어 + 부사
형용사	부사 + 형용사
부사수식	부사 + 부사

18 적은 수량을 나타내는 표현

수를 나타냄	a few	조금의, 약간의, 두 세 개의
	few	조금밖에 없다, 거의 없다
양을 나타냄	a little	조금의, 약간의, 소량의
	little	조금밖에 없다, 거의 없다

19 많은 수량을 나타내는 표현

수를 나타냄	many
양을 나타냄	much

20 형용사(부사)의 원급 / 비교급 / 최상급

원급	비교급(더-)	최상급(가장-)
small 작음	smaller 더 작은	smallest 가장 작은
happy 행복한	happier 더 행복한	happiest 가장 행복한
beautiful 아름다운	more beautiful 더 아름다운	most beautiful 가장 아름다운

21 원급 / 비교급 / 최상급이 불규칙으로 변하는 경우

원급	비교급	최상급
good / well	better	best
bad / ill	worse	worst
many / much	more	most
little	less	least

22 비교급 중요 구문

	형태	의미
원급	as ~as …	…과 마찬가지로 ~
	not as ~as …	… 정도 ~가 아니다
	~times as ~as …	…의 ~배의 ~
비교급	비교급 + and + 비교급	점점~
	비교급 + than…	…보다 한층~
	the + 비교급 + of the two	두 개 중에 ~가
최상급	the + 최상급 + of / in	~중에 가장~
	one of the + 최상급 + 복수명사	가장 ~한 것의 하나

23 관계대명사의 종류

선행사	주격	목적격	소유격
사람	who / that	whom / that	whose
사물, 동물	which / that	which / that	whose / of which

24 의문문의 종류

	예문	대답
보통의문문	Do you like soccer? 축구를 좋아하니?	Yes, I do. 응, 좋아해. No, I don't. 아니, 안 좋아해.
or 의문문	Is it red or yellow? 그것은 빨간색이니, 노란색이니?	It is red. 빨간색이야. It is yellow. 노란색이야.
의문사 의문문	What do you do? 뭐 하니? Where do you live? 어디에 사니?	I do my homework. 숙제를 해. I live in Seoul. 서울에 살아.

25 명령문의 종류

	어순	의미
보통명령문	동사의 원형	~하세요.
부정명령문	Don't + 동사의 원형	~해서는 안 된다.

26 감탄문의 종류

	어순	의미
What감탄문	What + 형용사 + 명사 + (주어 + 동사) !	세상에 ~한 ~구나!
How감탄문	How + 형용사(부사) + (주어 + 동사) !	세상에 ~하구나!

27 미래를 나타내는 표현

be going to~	가까운 미래 / 주어의 의지	~할 것 같다 / ~할 작정이다
will~	단순미래 / 의지미래	~할 것이다 / ~할 작정이다
Will you~?	의뢰 / 권유	~해 주시겠어요? / ~하지 않을래요?
Shall I~?	신청	제가 ~할까요?
Shall we~?	제안	함께 ~할까요?

28 진행형의 종류

	어순	의미
현재진행형	am / are / is + ~ing	(지금) ~하고 있다
과거진행형	was / were / + ~ing	(그 때) ~하고 있었다
미래진행형	will be + ~ing	(그 때) ~하고 있을 것이다.

29 부정사를 포함하는 표현

어순	의미
It ~ (for~) to...	(~가) …하는 것은~
what(how) to~	무엇을(어떻게) ~하면 좋을지
~enough(for~) to…	(~가) …할 수 있을 정도로 충분히 ~
too~ (for~) to…	매우 ~하므로 …할 수 없다
ask / tell / want ~ to…	~에게 …하도록 부탁하다 / 말하다 / 바라다
let~ + 원형부정사	~에게 ~시키다
hear~ + 원형부정사	~가 …하는 것을 듣다.
had better + 원형부정사	~하는 편이 낫다 / ~해야 한다.

30 분사와 동명사 비교

	형태	용법	의미
현재분사	~ing	명사수식 / 보어수식	~하고 있다
과거분사	~ed	명사수식 / 보어수식	~된다
동명사	~ing	목적어 / 주어 / 보어 / 진치사의 목적어	~하는 것

31 수동태의 종류

	어순	의미
현재형수동태	am / are / is + 과거분사	~되다
과거형수동태	was / were + 과거분사	~되었다
미래형수동태	will / must 등 + 과거분사	~될 것이다(되어야만 한다)

32 현재완료의 여러 가지

용법	의미	잘 사용하는 부사구
계속	계속 ~하고 있다	for / how long / since 등
경험	~한 적이 있다	before / ever / once 등
완료	막~했다 / ~해버렸다	just / already / yet 등
결과	~해버려 (지금은)~다	특별히 없음

33 여러가지 문장

단문	주부와 술부가 하나인 문장
중문	두 개 이상의 절이 and 등 접속사로 대등하게 연결된 문장
복문	두 개 이상의 절이 that 등 접속사로 연결되었으며 주종의 관계로 연결된 문장

34 전치사의 여러 가지

용법	종류
때	for a week / after lunch / before dinner / at noon 등
장소	to America / in Korea / near the river 등
숙어	look at / wait for / be late for 등
그 외	by bus / about France / with a dog등

35 from과 since / by와 until의 비교

from~	~부터	무언가가 일어나는 기점을 나타낸다.
since~	~부터	과거에서 현재까지 이어지는 것을 나타낸다.

by~	~까지	어느 시점까지 동작이 완료하는 것을 나타낸다.
until~	~까지	어느 시점까지 동작이나 상태가 계속되는 것을 의미한다.= till

II 영문법 식

1 be동사 의문문
Be동사 + 주어 ~?

2 현재진행형
be + 동사원형 + ing

3 현재진행 의문문
Be동사 + 주어 + 동사원형 + ing ~?

4 (주어) 이(가) 있다
There is + 주어(단수)
There are + 주어(복수)

5 (주어) 이(가) 있다 의문문
단수 : Is there ~?
복수 : Are there ~?

6 일반 동사 부정문
do / does / did + not + 동사원형
or
don't / doesn't / didn't + 동사원형

7 일반 동사 의문문
Do / Does / Did + 주어 + 동사원형 ?

8 부분부정
not + all / both / every

9 빈도부사의 위치

be동사의 뒤 / 일반동사 앞

10 매우 ~해서 …할 수 있다

~ (형 / 부) enough to + 동사원형

11 너무나 ~해서 …할 수 없다

too~ (형 / 부) to + 동사원형

12 be동사 과거시제의 부정문

was / were + not

13 be동사 과거시제의 의문문

Was / Were + 주어 ~?

14 일반동사 과거시제의 부정문

did not (didn't) + 동사원형

15 일반동사 과거시제의 의문문

Did + 주어 + 동사원형 ~?

16 과거진행형의 긍정문

was / were + 동사원형 + ing

17 과거진행형의 부정문

was / were + not + 동사원형 + ing

18 과거진행형의 의문문

Was / Were + 주어 + 동사원형 ing~?

19 의문사가 있는 be동사 의문문

> 의문사 + be동사 + 주어 ?

20 의문사가 있는 일반동사 의문문

> 의문사 + do / does / did + 주어 + 동사원형?

21 감탄문

> How + 형용사 / 부사 + (주어 + 동사)!
> or
> What + (a / an) + 형용사 + 명사 + (주어 + 동사)!

22 미래진행형

> will be + 동사원형 + ing

23 be going to (~할 것이다) 부정문

> be + not + going to + 동사원형

24 be going to (~할 것이다) 의문문

> (의문사) Be + 주어 + going to + 동사원형 ~?

25 use to + 동사원형 (과거의 습관) 부정문

> didn't + use to + 동사원형

26 use to + 동사원형 (과거의 습관) 의문문

> (의문사) Did + 주어 + use to + 동사원형 ~?

27 현재완료

> have / has + p.p(과거분사)

28 현재완료 부정문

have / has + not + p.p
　　　　　or
have / has + never + p.p

29 현재완료 의문문

Have / Has + 주어 + p.p ~?

30 현재완료 진행형

have / has been + 동사원형 + ing

31 수동태

be동사 + p.p + (by + 목적어)

32 수동태의 부정형

be동사 + not + p.p + (by + 목적어)

33 조동사가 있는 수동태

조동사(must / can / will 등) + be + p.p

34 시제별 수동태

현재 수동태 : am / are / is + p.p
과거 수동태 : was / were + p.p
미래 수동태 : will + be동사 + p.p

35 진행형 수동태

be + being + p.p

36 완료형 수동태

have / has / had + been + 과거분사

37 분사

현재분사 : 동사원형 + ing (~하고 있는)
과거분사 : 동사원형 + ed (~된)

38 동명사

동사원형 + ing

39 동명사의 수동형

being + p.p

40 to 부정사

to + 동사원형

41 to 부정사의 부정

not + to + 동사원형

42 나(주어)도 그래

긍정문 : so + 동사 + 주어
부정문 : neither + 동사 + 주어

43 가정법 현재

If 주어 + 현재동사, 주어 + 조동사 + 동사원형

44 가정법 과거

If 주어 + 과거동사, 주어 + 조동사과거형 + 동사원형

45 문장의 형식

1 형식 : 주어 + 동사
2 형식 : 주어 + 동사 + 보어
3 형식 : 주어 + 동사 + 목적어
4 형식 : 주어 + 동사 + 간접목적어 + 직접목적어
5 형식 : 주어 + 동사 + 목적어 + 목적보어

III 불규칙 동사

현재	과거	과거분사	뜻
A			
arise	arose	arisen	생겨나다, 일어나다
awake	awoke(awakened)	awoken	깨어나다, 일어나다
B			
bear	bore	born(borne)	참다, 낳다
beat	beat	beat(beaten)	치다, 때리다
become	became	become	~가 되다, 어울리다
befall	befell	befallen	일어나다, 발생하다
begin	began	begun	시작하다
behold	beheld	beheld	주시하다, 보다
bend	bent	bent	구부리다
bet	bet(betted)	bet(betted)	치다
bid	bid	bid	값을 매기다, 명령하다
bind	bound	bound	묶다, 매다
bite	bit	bitten	물다
bleed	bled	bled	피 흘리다
blow	blew	blown	불다, 폭파하다
break	broke	broken	깨다, 어기다
breed	bred	bred	키우다
bring	brought	brought	가져오다, 야기하다
broadcast	broadcast	broadcast	방송하다
browbeat	browbeat	browbeat	위협하다
build	built	built	짓다, 건설하다
burn	burnt(burned)	burnt(burned)	태우다
burst	burst	burst	터트리다
bust	busted(bust)	busted(bust)	파산하다, 망치다
buy	bought	bought	사다
C			
cast	cast	cast	던지다

catch	caught	caught	잡다
choose	chose	chosen	고르다, 선택하다
cling	clung	clung	들러붙다, 집착하다
come	came	come	오다
cost	cost	cost	비용이 들게 하다
creep	crept	crept	기어가다
cut	cut	cut	자르다, 삭감하다

D

deal	dealt	dealt	다루다, 거래하다
dig	dug	dug	파다
dive	dived(dove)	dived	다이빙하다, 돌진하다
do	did	done	하다
draw	drew	drawn	그리다, 끌다
dream	dreamt(dreamed)	dreamt(dreamed)	꿈꾸다
drink	drank	drunk	마시다
drive	drove	driven	운전하다, 추진하다
dwell	dwelt(dwelled)	dwelt(dwelled)	거주하다

E

| eat | ate | eaten | 먹다 |

F

fall	fell	fallen	떨어지다, 하락하다
feed	fed	fed	먹이다
feel	felt	felt	느끼다
fight	fought	fought	싸우다
find	found	found	찾다, 알다
fit	fit	fit	적합하다, 맞다
flee	feld	feld	도망치다
fling	flung	flung	내던지다
fly	flew	flown	날다
forbid	forbade	forbidden	금지하다
forecast	forecast	forecast	예상하다, 예보하다
forego	forewent	foregone	선행하다, 앞서다

foresee	foresaw	foreseen	예견하다, 예측하다
foretell	foretold	foretold	예언하다
forget	forgot	forgotten	잊다
forgive	forgave	forgiven	용서하다
forsake	forsook	forsaken	저 버리다, 떠나다
freeze	froze	frozen	얼리다
G			
get	got	got(gotten)	얻다, 취하다
give	gave	given	주다
go	went	gone	가다
grind	ground	ground	갈다
grow	grew	grown	자라다, 키우다
H			
hang	hung	hung	매달다, 걸다
hang	hanged	hanged	목매달아 죽이다
have	had	had	갖다
hear	heard	heard	듣다
hide	hid	hidden	숨기다
hit	hit	hit	치다, 때리다
hold	held	held	잡다, 유지하다
hurt	hurt	hurt	부상 입히다
I			
input	input	input	입력하다
inset	inset	inset	끼워 넣다, 꽂아 넣다
interbreed	interbred	interbred	잡종을 만들다
interweave	interwove	interwoven	섞어 짜다
K			
keep	kept	kept	유지하다, 키우다
kneel	knelt(kneeled)	knelt(kneeled)	무릎 꿇다
knit	knit(knitted)	knit(knitted)	짜다
know	knew	known	알다

L

lay	laid	laid	놓다, 낳다
lead	led	led	이끌다, 지도하다
lean	leaned(leant)	leaned(leant)	기대다
leap	leapt(leaped)	leapt(leaped)	뛰다, 도약하다
learn	learned(learnt)	learned(learnt)	배우다
leave	left	left	떠나다, 남겨두다
lend	lent	lent	빌려주다
let	let	let	놓다, 시키다
lie	lay	lain	눕다, 놓여 있다
light	lit(lighted)	lit(lighted)	밝히다
lose	lost	lost	잃다

M

make	made	made	만들다
mean	meant	meant	의미하다
meet	met	met	만나다
mishear	misheard	misheard	잘못 듣다
mislay	mislaid	mislaid	잘못 두다
mislead	misled	misled	잘못 인도하다
misread	misread	misread	잘못 읽다, 오해하다
misspell	misspelled(misspelt)	misspelled(misspelt)	철자를 잘못 쓰다
mistake	mistook	mistaken	실수하다, 잘못 알다
misunderstand	misunderstood	misunderstood	오해 하다
mow	mowed	mowed(mow)	잔디를 깎다

O

outbid	outbid	outbid	더 싼 값을 매기다
outdo	outdid	outdone	더 비싸게 팔다
outgrow	outgrew	outgrown	너무 성장하다
outrun	outran	outrun	앞지르다, 능가하다
outsell	outsold	outsold	더 나은 값으로 팔다
overcast	overcast	overcast	침울하게, 어둡게 하다
overcome	overcame	overcome	극복하다

overdo	overdid	overdone	과하게 하다
overdraw	overdrew	overdrawn	너무 당기다
overeat	overate	overeaten	과식하다
overhang	overhung	overhung	임박하다
overhear	overheard	overheard	우연히 듣다
overlay	overlaid	overlaid	위에 놓다, 씌우다
overlie	overlay	overlain	위에 눕다
overpay	overpaid	overpaid	초과 지급하다
override	overrode	overridden	위에 타다, 압도하다
overrun	overran	overran	
oversee	oversaw	overseen	감독하다, 우연히 보다
oversell	oversold	oversold	너무 팔다
overshoot	overshot	overshot	빗나가다
oversleep	overslept	overslept	너무 자다
overtake	overtook	overtaken	따라 잡다, 만회하다
overthrow	overthrew	overthrown	굴복시키다, 전복하다
P			
partake	partook	partaken	참가하다
pay	paid	paid	지불하다, 갚다
plead	pled(pleaded)	pled(pleaded)	청원하다
preset	preset	preset	미리 조정하다
proofread	proofread	proofread	교정하다
prove	proved	proven(proved)	증명하다, 검증하다
put	put	put	놓다
Q			
quit	quit(quitted)	quit(quitted)	중단하다
R			
read	read	read	읽다
rebind	rebound	rebound	다시 묶다
rebuild	rebuilt	rebuilt	재건하다
recast	recast	recast	다시 방송하다
redo	redid	redone	다시 하다

relay	relaid	relaid	다시 놓다, 중계하다
remake	remade	remade	다시 만들다
repay	repaid	repaid	다시 지불하다
rerun	reran	reran	재상영하다
resell	resold	resold	사서 다시 팔다
reset	reset	reset	다시 놓다, 다시 짜다
rethink	rethought	rethought	다시 생각하다
rewind	rewound	rewound	다시 감다
rewrite	rewrote	rewritten	다시 쓰다
rid	rid	rid	제거하다
ride	rode	ridden	타다, 태워다 주다
ring	rang	rung	종을 울리다
rise	rose	risen	상승하다, 떠오르다
run	ran	run	뛰다, 달리다
S			
say	said	said	말하다
see	saw	seen	보다
seek	sought	sought	추구하다
sell	sold	sold	팔다
send	sent	sent	보내다
set	set	set	놓다, 정하다
sew	sewed	sewn(sewed)	바느질하다
shake	shook	shaken	흔들다
shear	sheared	shorn(sheared)	자르다, 깎다
shed	shed	shed	흘리다, 튀기다
shine	shined(shone)	shined(shone)	빛나다, 비치다
shit	shit(shat)	shit(shat)	대변을 보다
shoot	shot	shot	쏘다, 촬영하다
shrink	shrank(shrunk)	shrunk	오므라들다, 줄다
shut	shut	shut	닫다
sing	sang	sung	노래하다
sit	sat	sat	앉다

slay	slew	slain	도살하다
show	showed	shown(showed)	보여주다
sleep	slept	slept	자다
slide	slid	slid	미끄러지다
sling	slung	slung	내던지다
slit	slit	slit	잘라내다, 개봉하다
smell	smelled(smelt)	smelled(smelt)	냄새를 내다
speak	spoke	spoken	말하다
speed	sped(speeded)	sped(speeded)	속도를 내다
spell	spelled(spelt)	spelled(spelt)	철자를 쓰다
spend	spent	spent	쓰다, 소비하다
spin	spun	spun	짜다
spit	spit(spat)	spit(spat)	침 뱉다
spill	split	split	엎지르다, 쏟다
spoil	spoiled(spoilt)	spoiled(spoilt)	망치다
spread	spread	spread	확산되다, 퍼지다
spring	sprang	sprung	솟아나다, 튀어 오르다
stand	stood	stood	서다, 참다
steal	stole	stolen	훔치다
stick	stuck	stuck	들러붙다
sting	stung	stung	찌르다, 자극하다
stink	stank(stunk)	stunk	냄새가 나다
strew	strewed	strewn(strewed)	흩뿌리다, 유포하다
stride	strode	stridden	활보하다
strive	strove	striven	분투하다, 애쓰다
strike	struck	struck(stricken)	치다, 파업하다
string	strung	strung	줄을 묶다
swear	swore	sworn	맹세하다, 서약하다
sweep	swept	swept	싹 쓸다
swell	swelled	swollen(swelled)	부풀다, 부어오르다
swim	swam	swum	수영하다
swing	swung	swung	흔들리다, 그네 타다

T			
take	took	taken	취하다, 가져가다
teach	taught	taught	가르치다
tear	tore	torn	눈물을 흘리다, 찢다
tell	told	told	말하다
think	thought	thought	생각하다
throw	threw	thrown	던지다
thrust	thrust	thrust	밀치다, 강요하다
tread	trod	trodden(trod)	터벅터벅 걷다
U			
unbind	unbound	unbound	풀다,
underlie	underlay	underlain	아래 두다
understand	understood	understood	이해 하다
undertake	undertook	undertaken	떠 맡다
underwrite	underwrote	underwritten	아래 쓰다, 서명하다
undo	undid	undone	원상태로 돌리다
unwind	unwound	unwound	풀다
uphold	upheld	upheld	들다, 떠받치다
upset	upset	upset	전복시키다
W			
wake	woke(waked)	woken(waked)	일어나다, 깨어나다
wear	wore	worn	입다, 닳다
weave	wove	woven	짜다, 엮다
wed	wed(wedded)	wed(wedded)	결혼하다
weep	wept	wept	울다
wet	wet(wetted)	wet(wetted)	젖다
win	won	won	이기다
wind	wound	wound	감다
withdraw	withdrew	withdrawn	철수하다, 철회하다

Index

ㄱ

가정법 과거	270
가정법 현재	270
가정법 I wish	271
가정법 as if	271
가주어 it	250
간접화법	246
감각동사	107
감탄문	154
고유명사	62
과거분사	202
과거 수동태	198
과거의 습관	178
과거시제 부정문	134
과거시제 의문문	135
과거진행 부정문	138
과거진행 의문문	138
과거진행형	138
과거형	130
관계대명사	254
관계대명사 목적격	254
관계대명사 what	258
관계대명사 소유격	255
관계부사	262
관계부사 why	262
관계부사 when	262
관계부사 where	262
관계부사 how	262
교통수단	231
권유문	159

ㄴ

능동태	194

ㄷ

단수동사와 복수동사	13
동등비교	123
동명사	206
동 사	16

ㅁ

명령문(be동사)	158
명령문(일반동사)	158
명사	62
명사를 복수 만드는 방법	12
명사의 수	11
목적격	10
목적어	20
문장의 성분	14
문장의 형식	274
물질명사	62
미래	162
미래 수동태	198

ㅂ

방법	211, 262
보 어	21
보통명사	62
부가의문문	159

299

Index

부분부정	98
부사	110
부정사	210
부정관사	74
부정대명사	86
부정명령문	158
비교급	122
비교급강조	122
be동사	26
be동사 긍정문	26
be동사 부정문	27
be동사의 과거	130
be동사 의문문	135
be동사의 형태	18
비인칭 주어	250
빈도부사	114

ㅅ

4형식	275
3형식	275
서술적용법	106
셀 수 없는 명사	12, 66
셀 수 있는 명사	66
소유격	78
소유대명사	78
수	70
수동태	194
수량 묻기	70

ㅇ

양	70
5형식	275
완료형 수동태	198
원급비교	122
의문대명사	146
의문문	30
의문사	142
의미상의 주어	16
2단어 동사	238
2형식	274
인칭대명사	10, 78
일반 동사	18, 42
일반 동사 부정문	46
일반 동사의 과거	46, 131
일반 동사 의문문	46, 135
일반동사의 3인칭	42
1형식	274

ㅈ

재귀 대명사	82
전치사	218
전치사의 목적어	218
접속사	242
정관사	75
정도	242
조건절	267
조동사	17, 166
조동사 do	19, 58
조동사 will	166
조동사의 특징	17
존재표현	38

종속절	266
주격	78
주어	14
주절	266
지시대명사	86
직접화법	246
진행형	34
진행형 수동태	198
집합명사	62

ㅊ

최상급	126
추상명사	62

ㅌ

to 부정사	210

ㅎ

한정적 용법	106
현재분사	202
현재완료	186
현재완료 부정문	190
현재완료의 결과	187
현재완료의 경험	187
현재완료의 계속	187
현재완료 의문문	190
현재완료의 완료	187
현재완료 진행형	190
현재진행형	34
현재진행형과 현재형	50
형용사	106

Index

a

a	74
above	227
across	226
a few	102
after	219
all	95
a little	102
an	74
and	242
around	239
at	222

b

before	219
be going to	34
below	227
between	226
both	98
but	242
by	231

c

can	170
could	171

d

do	58
down	230
during	219

e

each	94
either	98
enough	118
every	94

f

few	102
for	218
from ~to	230

h

have	54
how	150

i

if	266
in	222
it	250

l

little	102

m

may	170

make	58
might	175
must	174

n

neither	98
next to	226
no	90
nobody	91
none	90
nothing	91

o

off	230
on	223
out of	230

p

past	230

s

should	175
since	243
so	242

t

There are	38
There is	38
though	243
till	243
to	210
too	118

u

under	227
used to	178

w

what	146
when	243
where	142
which	146
while	219
who	142
why	142
will	166
with	231
without	231
would	179
would like to	182
would rather	183